RICARDO JOSÉ DA SILVA

Gente Resultado

Desenvolvimento de pessoas e negócios

ALTA BOOKS
E D I T O R A
Rio de Janeiro, 2015

Produção Editorial	Gerência Editorial	Design Editorial	Captação e Contratação de Obras Nacionais	Vendas Atacado e Varejo
Editora Alta Books	Anderson Vieira	Aurélio Corrêa	J. A. Rugeri	Daniele Fonseca
Produtor Editorial	**Supervisão Editorial**		Marco Pace	Viviane Paiva
Thiê Alves	Angel Cabeza		autoria@altabooks.com.br	comercial@altabooks.com.br
	Sergio de Souza		**Marketing e Promoção**	**Ouvidoria**
			Hannah Carriello	ouvidoria@altabooks.com.br
			marketing@altabooks.com.br	

Equipe Editorial	Carolina Giannini	Juliana de Oliveira	Milena Lepsch
	Claudia Braga	Letícia de Souza	Rômulo Lentini
	Gabriel Ferreira	Mayara Coelho	Silas Amaro
	Jessica Carvalho	Mayara Soares	

Revisão Gramatical	**Diagramação, Capas e Layout**
Wendy Campos	Rômulo lentini

Dados Internacionais de Catalogação na Publicação (CIP)

S586g Silva, Ricardo José da.
         Gente resultado : desenvolvimento de pessoas e negócios /
         Ricardo José da Silva. – Rio de Janeiro, RJ : Alta Books, 2015.
         144 p. : il. ; 21 cm.

         ISBN 978-85-7608-876-9

         1. Administração de pessoal. 2. Talentos. 3. Confiança.
         Trabalho em equipe. 4. Motivação. 5. Reconhecimento. I. Título.

                                                            CDU 658.3
                                                            CDD 658.3

Índice para catálogo sistemático:
1. Administração de pessoal   658.3

(Bibliotecária responsável: Sabrina Leal Araujo – CRB 10/1507)

Rua Viúva Cláudio, 291 — Bairro Industrial do Jacaré
CEP: 20970-031 — Rio de Janeiro
Tels.: 21 3278-8069/8419 Fax: 21 3277-1253
www.altabooks.com.br — e-mail: altabooks@altabooks.com.br
www.facebook.com/altabooks — www.twitter.com/alta_books

Dedicatória

Este livro é dedicado aos indivíduos que buscam o autodesenvolvimento com o objetivo de trazer benefícios para si e para todos em geral. Por isso, é importante praticar boas ações e ser uma pessoa melhor para o mundo e para a vida.

Sumário

Introdução

Este livro é direcionado a todos os públicos, apesar de seu conteúdo ser mais próximo da realidade de uma empresa ou entidade. Ele abrange todas as pessoas, aqui denominadas "Gente", que desempenham qualquer atividade voltada ao trabalho.

Este projeto teve início ao longo de minhas experiências junto ao mercado de trabalho, na busca constante para conseguir resultados por meio das pessoas, considerando as empresas nas quais trabalhei e venho trabalhando e estudando frequentemente o comportamento humano e das próprias organizações. Posso concluir que o ponto de partida se deu ao observar como os indivíduos exercem suas atividades de responsabilidade na própria comunidade ou no meio em que vivem.

Darei alguns exemplos.

Recordo-me que em uma noite de domingo, quando fui à igreja de minha cidade, constatei que ela parecia manter o mesmo número de pessoas de trinta anos atrás, apesar de a cidade ter tido um crescimento populacional de 15% ao ano. Ao terminar a programação, notei que todos se apressavam para sair do recinto, já que o responsável pelo fechamento poderia deixar "todos trancados lá dentro". Talvez o objetivo dessa pessoa fosse "fechar tudo rapidamente", cumprindo assim a sua rotina. Concluí também que o anúncio dos próximos eventos que ocorreriam ali não era um "convite" à comunidade, mas simplesmente um "aviso", reforçado ainda por "mas não se atrasem, pois não vamos esperar por ninguém".

Não querendo fazer críticas ao modelo de trabalho da igreja, ressalto apenas que é possível obter bons resultados, usando adequadamente o famoso "como".

Penso que um dos objetivos de um templo religioso seja atrair, conquistar e reter o maior número possível de fiéis. Daí, pergunto-me: "Será que esse objetivo estava claro a todos que lá trabalhavam ou que participavam das atividades da igreja? Será que esse objetivo fazia parte do plano de trabalho de todos os envolvidos?"

Veremos algumas dicas mais adiante.

Outra situação que me chamou a atenção diz respeito à prestação de serviços de táxi. Tive a oportunidade de trabalhar em diversas regiões do país, em alguns países da América do Sul, e acabei morando no Rio de Janeiro por seis anos.

Como todos sabem, o Rio de Janeiro é uma cidade abençoada pela natureza, portanto uma cidade turística com um grande número de taxistas em plena e contínua atividade.

Sempre que chegava ao Rio, seguindo o conselho de amigos que ali residiam, tomava sempre muito cuidado ao solicitar um táxi. A recomendação era "nunca chame um táxi sem bandeira", ou seja, risco de taxistas "piratas" com taxímetros adulterados. Algo de errado poderia acontecer. Mas, mesmo quando seguia as recomendações, sempre havia possibilidade de caminhos mais longos, mau humor do condutor, veículos sem higienização, aplicação de tarifas incorretas, enfim, muitos problemas próprios desse setor.

Entretanto, havia exceções. Muitos taxistas recebiam o cliente com um cumprimento amigável, abrindo as portas do veículo para que se sentasse confortavelmente.

Em seguida, o processo seguia mais ou menos assim:

— Bem-vindo ao Rio de Janeiro.
— Aonde o senhor pretende ir?
— O ar-condicionado já está ligado, mas o senhor pode escolher a temperatura que mais lhe agrade.
— Tenho aqui um jornal de hoje e algumas revistas atuais, mas caso o senhor prefira, posso ligar o rádio em alguma estação que lhe agrade.
— Nosso tempo médio com trânsito será de XX:XX ou sem transtornos poderemos fazer em XX:XX.
— Fique à vontade e bom trajeto.

Parecia até um avião com processos e procedimentos direcionados para o correto atendimento ao cliente. Ao terminar a corrida, o cliente sempre solicitava o cartão desse taxista, pois ele havia apresentado algo diferente e de maneira muito agradável.

Com esses dois simples exemplos gostaria de salientar que "Gente" pode fazer toda a diferença e trazer resultados fantásticos para o meio em que vive. Basta acreditar e testar.

Ao longo deste livro, citarei outros exemplos e fatos que ajudarão a entender como todos os itens são essenciais para chegarmos a um resultado positivo.

Boa leitura

"Procure sempre fazer o melhor em tudo aquilo que se proponha a fazer, sonhe grande, desafie melhores resultados, acredite sempre em você, nas pessoas e nos seus sonhos, e, quando encontrar dificuldades em seu caminho, nunca recue, dê passos somente para frente, pois você é capaz de tudo nessa vida, principalmente de ser feliz!"

Acredite em Gente

1

Considero este item o mais importante deste trabalho, ou seja, aqui está o motivo, o embasamento e o norte de tudo que falaremos no decorrer deste livro.

Todo dia, temos a oportunidade e a chance de mudarmos nosso futuro. Isso é algo sempre dito em diversas literaturas. Trazendo para um conceito bem objetivo, toda pessoa pode conseguir isso. Basta ter boa vontade, mudar alguns detalhes e fazer algo diferente para obter resultados acima da expectativa.

O primeiro conceito existente é a confiança, e alguém precisa acreditar na pessoa. O primeiro indicado é o próprio indivíduo. Mas, por questões pessoais, conforme característica de cada um, pode ser que nem todos tenham essa crença em si mesmos.

Nesse caso, chamo a atenção para que possam, antes de tudo, crer em si próprios e depois acreditar em todos que os cercam. Parece fácil pensar assim, mas pode ter certeza que é extremamente difícil praticar esse conceito no dia a dia.

Quando se olha em volta, verifica-se que muitos dos grandes nomes em todo mundo tiveram de lidar com a descrença no início de suas carreiras. Muitos deles buscaram a todo custo a superação, lutaram contra tudo e todos e conseguiram o seu lugar ao sol.

Entretanto, inúmeras pessoas com potencial e talento desistiram antes de persistir devido ao descrédito do próximo. Imagine o quanto a humanidade como um todo pode ter sido prejudicada por essas desistências. Pode se ter perdido grandes e importantes invenções, descobertas, curas e outras coisas tão valiosas para o bem de todos que usufruiriam dessas ações.

Voltando a falar sobre a confiança, é necessário, antes de tudo, trabalhar o exercício dessa confiança nas pessoas.

Confiar não é uma ação muito simples. Ter uma predisposição para isso é mais difícil ainda, pois seria preciso confiar antes da confiança ser conquistada.

Mesmo sabendo que pode haver motivos para se trilhar esse caminho, entendo que a partir do momento em que se trabalha assim, o cenário ao redor muda de tendência e direciona as ocorrências para coisas positivas e corretas. Pode, é claro, haver exceções. Sempre há, mas a tendência é mudar para o lado positivo. Experimente e verá como vale a pena confiar antes.

Gostaria de exemplificar isso com uma passagem profissional. A empresa em que eu trabalhava possuía ferramentas de trabalho com valores significativos. Essas ferramentas eram utilizadas, principalmente, pelas equipes de manutenção e pela equipe mais sênior de operação. Todas as ferramentas eram devidamente codificadas, as salas de armazenagem eram lacradas, tínhamos câmeras instaladas em alguns locais e havia também um detector de metais nas portarias. Mesmo com todas essas prevenções, tínhamos sempre baixas significativas nos estoques, constatadas pelos inventários periódicos.

O assunto ficou em evidência, devido ao custo envolvido e, principalmente, pela desconfiança geral que crescia muito naquela unidade. Temia-se um possível descontrole geral, pois cada vez aumentava mais o apontamento de sinistros. Inúmeras outras ações preventivas e inovadoras foram usadas para conter aquele movimento, mas não havia redução de sinistros. Muito pelo contrário, mais e mais perdas eram contabilizadas.

Assim, quando a situação ficou praticamente descontrolada, solicitei para que a gestão industrial da unidade transferisse o assunto para a área de Recursos Humanos, a qual estava sob minha responsabilidade. Foi necessária a troca de algumas pessoas envolvidas, cuja confiança já não era possível recuperar. Foram apenas quatro desligamentos.

Na sequência, solicitei a retirada de câmeras, lacres dos armários, sensores de metal das portarias, enfim, liberdade total. Quando concluí essas ações, cheguei a ouvir: "Minha nossa, vamos ficar sem nenhuma ferramenta na empresa".

Daí, convoquei uma reunião geral com os envolvidos em todos os turnos, e nomeei todos os grupos responsáveis pelo uso e cuidado com as ferramentas. Fiz um processo muito verdadeiro, mostrando que a partir daquela data, mesmo com todos os sinistros já contabilizados, a área de Recursos Humanos estava tirando todos os controles e equipamentos e passando a apostar em uma coisa chamada "honestidade", e que todos os colaboradores ali presentes eram uma esperança de que deveríamos sempre acreditar nas pessoas. O processo foi muito forte e mexeu com todos. O resultado foi ainda mais significativo. Chegamos a apontar, no mês subsequente, zero de sinistros no inventário. Esse comportamento persistiu gerando ainda melhores resultados nos departamentos envolvidos. Foi um caso marcante e emocionante e carrego essa passagem vitoriosa sempre comigo.

Claro que se correu riscos e que isso poderia acarretar perdas de responsabilidades. Entretanto, considero o risco válido, porém sempre trabalhando com cautela e mensurações, pois vale a pena acreditar no potencial das pessoas e confiar. É o "Acredite em Gente".

Também me recordo de uma passagem muito importante. Atuei no passado em uma posição corporativa de relações sindicais para três países, entre eles a Argentina, que possuía um modelo bem agressivo e forte nesse tema. Conforme calendário anual de negociação, algumas práticas de movimentos e paralisações coletivas eram ajustadas e praticadas localmente como plano de trabalho dos sindicatos. Dessa forma, naquele ano eu me reportava diretamente ao principal executivo da empresa que era responsável por dois grandes setores no mundo. Ele foi informado pela diretoria industrial que haveria uma solicitação de parada de produção conduzida pelos sindicatos na fábrica da Argentina.

Imediatamente ele veio à minha estação de trabalho e disse: "Ricardinho, fiquei sabendo que na próxima semana teremos na Argentina uma parada de produção solicitada pelo Sindicato que comprometerá a nossa operação e refletirá na falta de produto já vendido aos clientes. Você sabe do que se trata?". Com certeza eu já estava sabendo do problema e já havia construído um plano B que suportaria a ocorrência. Quando fui comunicá-lo que o movimento em tela se referia a um modelo do país e que anualmente esse processo é executado, ele nem me deixou continuar e disse: "Ricardinho, eu apenas gostaria de saber se estava acompanhando tudo. Não precisa me explicar nada, pois sei que vai fazer o melhor para resolver e ajustar a situação. Confio totalmente em você e no seu trabalho. Estou tranquilo e seguro. Boa sorte!"

Essa situação me marcou muito, pois acredito muito que a confiança deve ser manifestada dessa forma, ou seja, você apenas passa o objetivo, o "como" fica por conta do executor. Agindo assim, você estimula a criatividade e pode ter certeza que melhores resultados virão.

Costumo trabalhar com um modelo que funciona muito bem. Quando solicito um trabalho e passo meu objetivo, no final deixo a seguinte mensagem: "Me surpreenda". Se você tiver uma equipe preparada e motivada, pode ter certeza que será surpreendido — e muito.

Tenho convicção que esse exercício em diferentes situações lhe trará experiências únicas e compensadoras. Pode acreditar.

"Acreditar nas pessoas é dar uma oportunidade
para termos um mundo melhor"

2

Gente faz a diferença

Gente faz a diferença, ou melhor, gente faz **toda** a diferença. Se observarmos a nossa volta, veremos a tecnologia tomando conta de tudo a passos largos. Dessa forma, para o capital não existem fronteiras, ou seja, para um investidor ou empresa, basta um belo estudo de investimento e inicia-se um novo negócio, cumprindo apenas um cronograma de trabalho ou projeto.

Se pensarmos dessa maneira, o que diferencia um projeto, empresa ou modelo de atuação? Sem dúvida, a resposta é "Gente". Gente dá o tom e a velocidade para o negócio. E o combustível para gente é o desenvolvimento, pois ele recompensa e motiva qualquer um que busca um objetivo.

Se pesquisarmos por que algumas empresas marcam a vida das pessoas, ou se pesquisarmos ainda por que alguns funcionários amam trabalhar em um determinado ambiente e se sacrificam por aquele negócio, concluiremos que, na maioria dos casos, essas empresas oferecem para seus funcionários algo muito simples: a oportunidade do indivíduo de "realizar", e realização é, sem dúvida, desenvolvimento.

Um ponto importante para se destacar nesse modelo de desenvolvimento é a diferença entre carreira e missão. Vejamos:

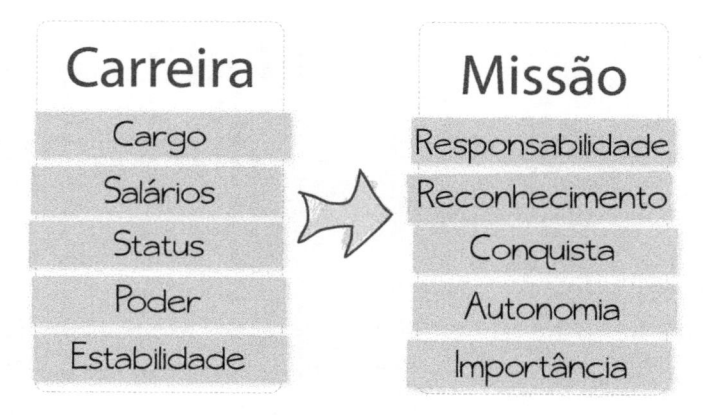

Carreira	Missão
Cargo	Responsabilidade
Salários	Reconhecimento
Status	Conquista
Poder	Autonomia
Estabilidade	Importância

Quando uma pessoa soma missão, propósito e desenvolvimento, ela se diferencia e faz tudo se tornar grandioso.

No conceito acima, demonstro que as conquistas de uma carreira devem ser os reflexos da atuação na missão, pois, assim, a carreira se torna consequência disso. Ao encararmos nossas atividades como um propósito, passamos também a ter mais felicidade na realização, pois é preciso gostar do que se faz.

Quando eu tinha 18 anos, desliguei-me do meu primeiro emprego. Eu trabalhava em um escritório de contabilidade em minha cidade. Devido às circunstâncias e necessidades financeiras, não era possível continuar naquele local, apesar de gostar muito do que fazia lá.

Parti então em busca de outro trabalho e, enquanto isso, passei a fazer alguns bicos como servente de pedreiro com meu pai. Apesar de já ter trabalhado muito nessa função, o serviço era pesado, cansativo, mas complementava a renda.

Um dia, quando estávamos terminando de rebocar um "muro", meu pai, com toda sua simplicidade e sabedoria, me disse:

"Filho, por que você não continuou no emprego em que estava? Você não tinha chance de crescer e ganhar mais naquele serviço?"

A pergunta foi profunda, mas respondi que as dificuldades que encontrei lá justificavam minha decisão. Eu tinha meu ponto de vista.

Após minha resposta, ele me mostrou outro lado da vida profissional. Usando o muro que estava construindo como exemplo, ele me disse:

"Não importa o que esteja fazendo ou construindo, filho. Você tem que dar o seu melhor e fazer o melhor. Isso não significa necessariamente ser melhor do que o próximo, mas sim dar o máximo em todos os sentidos. Se você será ou não reconhecido por esse ato, isso já é outra conversa. Veja esse muro. Em nenhum momento eu ganho para fazer o 'algo a mais' que estou fazendo, no que se refere ao acabamento, criatividade e inovação, retoques especiais e diferentes, menor desperdício possível de materiais, ajustes na calçada que encontra com o muro, reboco fino para gerar economia na pintura, dicas de cuidados e preservação, entrega antes do prazo, ou seja, muitos itens que não fazem parte do contrato e do meu dia de serviço, mas faço tudo isso porque tenho prazer em dar o meu melhor no meu trabalho. Um dia terei meu reconhecimento através das entregas diferenciadas que fiz. Não tenho faculdade e muito menos experiência no meio empresarial, mas tenho certeza de que se você fizer seu trabalho como eu faço o meu muro, em breve terá o seu lugar ao sol. Pode acreditar, filho".

Nunca mais me esqueci desse dia e desse exemplo. Quando consegui um novo emprego, sempre fazia minhas tarefas como meu pai fazia seu "muro". Após sete anos, depois de algumas promoções no meu emprego, fui convidado para assumir uma posição corporativa no Rio de Janeiro para atuar em três países. Ao receber a notícia, eu pensei: foi o "muro". Depois de três anos, tive que me mudar para o Rio de Janeiro com a família. Meu pai sofreu muito com a mudança e a distância, mas isto era o reflexo daquilo que ele mesmo havia me ensinado. Fiz uma carreira brilhante nessa empresa e tornei-me gerente corporativo da América do Sul. Atuei, também, como diretor em diversos sindicatos patronais do país e também na FIESP, em São Paulo. Após alguns anos, voltei para casa, para perto da minha família e ingressei em uma nova empresa de grande porte e líder de mercado. Aos 33 anos, fui promovido para uma diretoria executiva corporativa. Nesse dia, liguei para meu pai e disse: "O muro está bem-feito, pai".

Esse simples exemplo de meu pai, me fez acreditar que seria possível sempre fazer algo diferente e melhor, não importando se ganhamos ou não para isso. O que importa é o fato de fazer com grandeza. É fazer a "diferença".

No exemplo acima, ficam muito claros alguns caminhos e formas para a carreira e o crescimento profissional. Segue abaixo um quadro que demonstra um simples fluxo dos reflexos do crescimento profissional.

O quadro acima demonstra algumas coisas interessantes. Vejamos:

- Na pirâmide de cargos é possível resumir uma estrutura quase padrão de mercado. O tamanho da caixa expressa basicamente a quantidade de profissionais ocupantes desses níveis no mercado, ou seja, no nível de Operação/Execução existem muito mais pessoas trabalhando do que no nível de C.E.O/Presidência, que, logicamente, numa empresa só deverá ter uma. Esse fator também expressa a empregabilidade e as oportunidades de mercado, por isso julgo extremamente importante fazermos as transições com segurança e assertividade, pois quanto mais se sobe, menos oportunidades se têm. Basta fazermos uma simples busca na internet em sites de empregos para observarmos quantas vagas existem no mercado para Diretores, e, ao mesmo tempo, quantas vagas há, por exemplo, para o nível de Diretorias.

- Outro fator importante desse quadro é a comparação entre Remuneração e Responsabilidade. Vejam que quanto mais você cresce mais aumentam as linhas de remuneração, pois são reflexos da própria estrutura de remuneração de qualquer empresa. Notem também que junto com o aumento de remuneração vem o crescimento da responsabilidade. Por isso sempre repito as palavras de um amigo consultor: ser líder não requer apenas habilidade, mas também responsabilidade.

- Um último destaque que gostaria de fazer nesse quadro é a dedicação ao trabalho, pois quanto mais se sobe na carreia mais há necessidade de se dedicar. Não há outro caminho.

- Finalmente, gostaria de mencionar a importância de controlarmos e equilibrarmos nossa vida pessoal com a profissional, pois talvez em algum momento a carreira dite mais as regras, mas, no futuro, todo o exagero poderá custar muito caro.

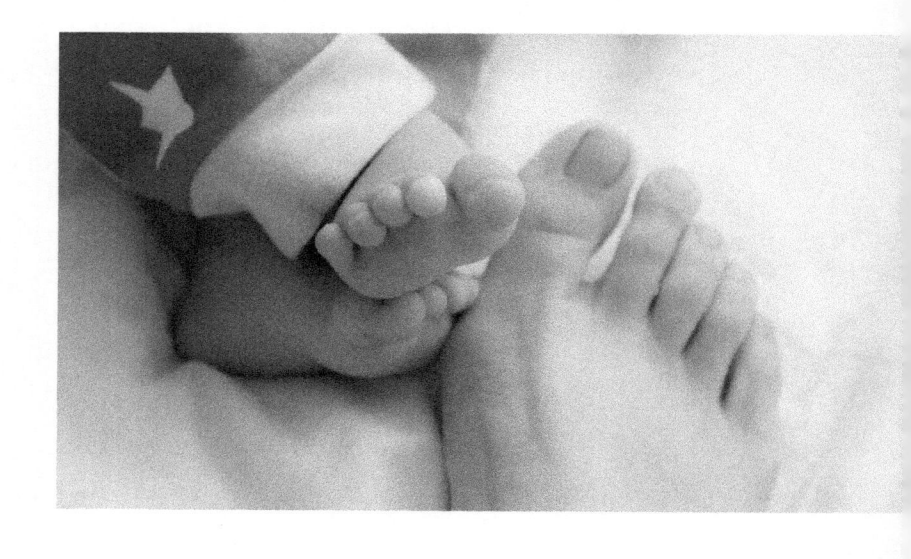

"Atitudes especiais fazem pessoas especiais, tornando-as insubstituíveis em nossas vidas"

3

Formar uma equipe é o melhor caminho

Sempre que pensamos em liderança, gestão, trabalho em equipe ou qualquer outra atividade que envolva tarefas em conjunto, temos que pensar também na execução coletiva. Nesse sentido, quando estamos à frente de uma equipe pela primeira vez para desenvolver um determinado projeto, nos deparamos com pontos de vista diferentes, forma de trabalho e execução não satisfatória, tempo e qualidade de entrega fora da expectativa, enfim, somos seres humanos que pensamos e agimos de formas distintas.

O segredo para a formação de uma equipe de alto desempenho começa pelo líder, pois, quando montamos uma equipe, alinhamos muito mais do que simplesmente um modelo ou forma de trabalho; geramos credibilidade, comprometimento, parceria, lealdade e, acima de tudo, confiança. É o ponto fundamental entre um líder e seus liderados.

Recordo-me de uma passagem em um projeto no qual assumi a gerência de área de uma grande empresa. O projeto era a estruturação de todo o modelo de trabalho com foco nos objetivos estratégicos da empresa, que era o de crescer vertiginosamente nos anos seguintes. Também era demandada a implementação de um novo modelo de atuação com parceria de negócio.

Naquele momento, tinha-se a opção de trocar alguns profissionais e contratar uma equipe mais sênior, pois o projeto exigia agilidade na implantação devido aos desafios que estavam por vir.

Optei, então, pelo mais difícil naquele momento: manter todos os profissionais que ali já trabalhavam, fazendo mudanças de área, observando o que cada um tinha de melhor. Em seguida, para completar o quadro, contratei o restante do pessoal de um nível mais júnior de mercado.

Começamos naquele momento um projeto desafiador que era o de formar uma equipe diferenciada para entregar resultados acima da média e com qualidade.

Confesso que aquele foi o melhor projeto da minha vida. Em pouco tempo, a equipe se tornou a melhor que já vi trabalhando. Cada um se mostrou ainda mais especial e os talentos foram surgindo. Costumo chamar de "Time dos Sonhos", pois criamos uma parceria e lealdade que ultrapassavam qualquer obstáculo.

O reconhecimento veio em breve. Eu mesmo assumi a Diretoria Executiva Corporativa da área, e todos, sem exceção, tiveram sua promoção em escala. Foi um momento de comemorar e concluir que realmente valeu muito acreditar em "Gente" e formar uma equipe vencedora.

Em seguida, nosso time cresceu, novos talentos e amigos chegaram para nos ajudar, aprender e, principalmente, ensinar. O mais importante de tudo era que os desafios mudavam, as estruturas também, mas o modelo, os valores e a forma de atuação ali construídos eram sólidos e permanentes, gerando assim um processo de grandes entregas e resultados, somados a um excelente clima de trabalho.

A empresa também ganhou muito com esse modelo e aposta, pois os resultados foram grandiosos para o negócio e ela fortaleceu demais seus valores e seu modelo de atuação.

Aquele time nunca mais parou de crescer e surpreendia a todos à sua volta. Hoje, todos são profissionais diferenciados para o mercado e para a vida.

A formação de uma equipe pelo líder deve começar pela confiança entre todos. Uma boa equipe é capaz de aprender e ter o tempo certo de resposta.

No meu modelo de gestão e liderança sempre fui considerado um gestor protetor da equipe, pois sempre atuei de maneira muito próxima e participativa. Com essa forma de atuação, exerço uma confiança mútua, pois ela deve ser o contrato simbólico de trabalho entre líder e liderado. Entendo, pois, que firmamos no papel um contrato de trabalho com a empresa, mas com nosso "chefe" firmamos um contrato de confiança, de olho no olho.

Sempre que questionam a atuação de minha equipe tenho dois tipos de atitude: se o problema for entrega, resultados, erros, equívocos, enfim, problemas de performance, reconheço que pode ter havido falhas e que é necessária uma rígida verificação, mas se o questionamento envolver confiança, costumo realmente usar meu lado defensor, pois é assim que gostaria que meu gestor fizesse comigo.

É claro, porém, que pode haver exceções, mas o bom senso deve ser sempre praticado, para que tudo flua da melhor maneira possível.

Costumo dizer que podemos negociar quando faltarem conhecimentos, entregas e habilidades. Entretanto, a confiança de um líder no liderado ou vice-versa não pode estar em negociação. A confiança vem em primeiro lugar.

Também destaco que um gestor deve estar ainda mais com seu subordinado nos momentos difíceis, pois entendo que todo relacionamento se fortalece nessas horas. Portanto, confiar quando tudo está perfeito no que tange a comportamento e resultados é simples, mas confiar nos momentos onde há desvios é realmente algo desafiador, ainda assim é preciso atuar também nesses momentos, pois faz parte da formação de um time. Quando formamos um time, não formamos apenas em conhecimento, processos e resultados, formamos em modelo de atuação e alinhamento, e, esse modelo deve estar calcado principalmente em confiança, não somente para estarem juntos nos bons momentos, mas confiança para também estarem juntos nos momentos de erro, para construirem novos caminhos, para que os trilhos sejam ajustados e direcionados para o futuro.

Na vida pessoal também não é muito diferente, em vez de um time profissional, temos que formar um time de amigos, time esse que deve ser fortalecido nos momentos bons e ruins. Nos momentos bons, seus amigos devem estar com você para suportar e comemorar seu sucesso, parece simples, mas não é. Nos momentos ruins, principalmente quando você erra, seus amigos devem estar com você para te levantar, para olhar nos seus olhos e dizer que você não foi feito para isso e sim para brilhar. Então, mesmo que seja com palavras, eles te colocam em um lugar bem alto e te ajudam a ficar lá.

Portanto, tanto na vida pessoal como na vida profissional, o conceito de "formar" é sempre a melhor e mais assertiva opção. Forme amigos e equipe em sua vida, e nunca estará sozinho.

"Para se formar uma grande equipe, é preciso trabalhar duro com ela"

4

O ambiente de trabalho

O ambiente de trabalho e de convívio é um fator crucial para o bom desempenho de uma equipe ou área, pois é nele que ficamos grande parte do nosso tempo e inevitavelmente é dele que parte nossa motivação.

O primeiro ponto a ser considerado seriam as condições básicas de infraestrutura, principalmente quando falamos em segurança do trabalho. Ambiente seguro é ambiente saudável e toda empresa ou entidade deve trabalhar primeiramente nesse quesito.

Acidente de trabalho é um item que deve ser levado muito a sério. Evitá-lo deverá ser o primeiro e principal objetivo de uma organização, pois bater metas, entregar resultados, proporcionar rentabilidade são essenciais para o sucesso de uma empresa ou entidade e um acidente de trabalho pode tirar todo o brilho e destaque de muito esforço e dedicação. Portanto, devemos, seja como empresa, entidade, gestor, líder, funcionário, ou seja, todos em geral, pensar em primeiro lugar na segurança no trabalho. Ao atingir essa meta, buscam-se as outras.

O ambiente de trabalho também deve ser formado por tudo aquilo que é bom para todos, não importando se temos gostos ou hábitos diferentes. É preciso saber que o respeito em todos os sentidos é fundamental.

Respeitar o próximo, nesse ambiente, não é prover uma situação rígida, cheia de regras ou normas. Muito pelo contrário. É respeitar e permitir que os costumes e preferências do próximo sejam aplicados naquele local.

Dessa forma, quando cedemos espaço estamos estimulando a possibilidade de negociação para termos o nosso espaço também.

Costumo dizer que o ser humano se adapta a tudo, assim, não é impossível aceitar ou permitir que o espaço do outro se adéque ao nosso.

A partir do momento em que todos são respeitados ao ponto de poderem ter em seu local de trabalho um pouco de si mesmos, levando em conta, é claro, os valores, cultura, crenças e hábitos do local ou região, todos passam a ter melhor desempenho e a apresentar bons resultados em suas atividades, funções, projetos e objetivos como um todo.

Como exemplo, recordo-me de ter trabalhado em um escritório de contabilidade com um amigo. Tínhamos a proposta de construir juntos um escritório profissional.

Era um desafio enorme, pois estávamos no início de carreira e eram muitas coisas e processos a serem construídos. Definíamos muitos planos e modelos, mas o fator que alavancou o processo foi o ambiente ideal que ali se formou.

Trabalhávamos muito, concluíamos tarefas, respeitávamos as pessoas, e o fruto disso foi um trabalho muito bem realizado em que todos ganharam: o escritório, os clientes, os funcionários e os sócios. Costumo brincar que os finais de semana eram tristes, pois éramos felizes demais no nosso local de trabalho.

Considero o ambiente de trabalho como o fator principal do sucesso alcançado na época. A amizade ali construída se tornou um presente, pois se transformou em irmandade. Na verdade, até hoje falamos dessa etapa e do quanto aprendemos e crescemos ao construir um modelo no qual somente fomos melhores juntos.

Gostaria de mencionar quando falamos de equipes de trabalho que laboram fora do ambiente da empresa, como exemplo, equipes de assistência técnica ao cliente, motoristas, equipe da área comercial como um todo e outros relacionados. Nesses casos, os cuidados de uma empresa devem ser ainda maiores para oferecer segurança e suporte, pois, para esses casos, as responsabilidades aumentam. Inclusive, quando falamos da área comercial, entendo que um vendedor deve estar sempre muito bem equipado e suportado por recursos para poder fazer com primor seu trabalho, pois nesse caso estamos falando da nossa linha de frente junto ao cliente.

Em um projeto que vivenciei, minha equipe realizou um estudo para oferecer ao vendedor diversos recursos importantes para que seu trabalho pudesse ser bem realizado, pois ao fazermos um levantamento, encontramos algumas necessidades de recursos e também oportunidades para trazer um diferencial competitivo para a equipe. Eram recursos de equipamentos tecnológicos, sistêmicos e outros que refletiam em aparência para uma melhor apresentação ao cliente. Após o estudo e emissão do relatório, o projeto ficou em avaliação, devido aos custos envolvidos e modelo de operação. Gostaria de ressaltar que alguns custos voltados para fins como esses podem ser avaliados como investimentos e não como despesas e custos. Menciono também que o mercado de vendas é difícil, considero um campo de batalhas quando falamos em custo, preço, qualidade, entrega, espaço em gôndola e participação de mercado, portanto, recursos e estrutura estão dentro do "portão" de uma empresa, ou seja, o domínio de fazer ou não é da própria empresa, já do "portão" para fora, ou seja, no mercado, quem dita as regras é esse mercado. Assim, não se pode correr o risco de não vender por falta de recurso ou estrutura, muito pelo contrário, deve-se proporcionar recursos e estruturas para se vender mais.

Entendo que uma equipe externa deve ser bem assistida pela área de comunicação da empresa, pois se faz necessário gerar informações e clima externo como se a equipe estivesse dentro da estrutura física, assim reforçam-se valores, modelo de atuação, alinhamento ao modelo estratégico e, principalmente, a cultura organizacional.

Para se proporcionar um bom e atrativo ambiente de trabalho, seja interno ou externo, é preciso fazer com que o indivíduo se sinta em casa e acolhido. É preciso oferecer segurança, recursos, agrados e, principalmente, um ambiente de respeito, pois o local de trabalho é, sem dúvida, um segundo lar e, a empresa, uma segunda família.

"Construa seu ambiente de trabalho com muito amor,
carinho e respeito, pois lá também é sua casa"

Use o "meio-termo" em todas as situações

Essa parece uma dica simples e comum, mas considero esse item o mais poderoso de todos, pois depois que comecei a usá-lo à risca em todas as situações, pessoais e profissionais, passei a ter muito mais sucesso e conquistas. Além de aplicar como fiel defensor esta regra com minha equipe e com as pessoas à minha volta, rapidamente comecei a ver e mensurar grandes conquistas também dessas pessoas.

Tenho amigos que acreditam que essa estratégia mudou suas vidas, principalmente a vida pessoal.

Aprendi isso na prática em uma etapa profissional em que atuava como negociador sindical em uma grande empresa. O modelo de atuação dessa função que exercia era tanto nacional como internacional, abrangendo os grandes estados do Brasil e também uma expansão para os países da América do Sul, como Chile e Argentina.

Apenas para ilustrar, a categoria era metalúrgica e as demandas eram para acordos estratégicos e de interesse da empresa, ou seja, eram desafios sobre desafios.

Muitas vezes em que partia para uma negociação, já acertava tudo internamente na empresa quanto às minhas aprovações, concessões, limites e objetivos. Obviamente quando eu "sentava" à mesa de negociação, sabia que o outro lado também tinha uma meta com objetivos, limitações e concessões. Enfrentei situações complicadas e difíceis, principalmente no início. Aprendi muito e reforço que sempre o pior resultado é quando não há um "acordo". Todos acabam perdendo.

Ao observar as consequências do "não acordo", passei a atuar regendo as situações para chegar ao tão almejado consenso, obviamente defendendo em primeiro lugar os objetivos da empresa em que trabalhava. Um ponto interessante foi que quando isso aconteceu os interesses de ambas as partes foram atendidos.

Lembro-me de uma negociação na Argentina, onde o sindicato promoveu uma manifestação interna para solicitar uma greve. Era uma situação extremamente delicada, pois a empresa tinha necessidade de atender ao mercado local com seus produtos, mas, ao mesmo tempo, tinha uma limitação de custos para o desenvolvimento desejado.

A empresa também prezava pelo controle da operação e temia perder também o controle da liderança da fábrica. Por outro lado, o sindicato liderado por grandes negociadores externos sabia muito bem lidar com aquela situação e tinha grande parte da operação ao seu lado.

Após meses, chegamos a um ponto interessante. O sindicato já nos respeitava muito, a mim e ao meu parceiro de negociação, que era um advogado contratado pela empresa e que me acompanhava em situações mais complexas. Ele foi um grande consultor, professor e amigo. Eu o considero o melhor profissional do Brasil nessa área. Ficamos, então, diante de um impasse que colocaria toda a negociação já feita em risco, ou seja, após evoluções teríamos que utilizar o plano "B" e atuarmos com greve e crise. Foi aí, então, que propusemos por nossa conta um "meio-termo" para o sindicato e para a alta direção da companhia. Ao se falar em "meio-termo" pode se comparar com a conhecida expressão "nem tanto ao céu, nem tanto a terra".

O resultado foi fantástico. Recuperamos a liderança da fábrica ajustando as concessões aos limites de custo da empresa. Ressalto ainda que concedemos menos do que o aprovado, atendemos partes dos interesses do sindicato e conseguimos o que era objetivo de todos: a continuidade do negócio atendendo às demandas dos interessados.

Aprendi muito nessa fase de minha vida. Passei a respeitar muito os sindicatos, federações e entidades. Fiz grandes amigos, criei parcerias, tornei-me membro de entidades patronais, como a própria FIESP, em São Paulo. Fiz todos os tipos de negociação, acordos pequenos e grandes ao longo de anos atuando nesse segmento do qual, por sinal, tenho muita saudade.

Confesso que grande parte desse sucesso veio quando passei a discutir e utilizar o "meio-termo" para situações complexas, principalmente as que demandavam decisões importantes.

Isso me ajudou tanto que passei a utilizá-lo também em todas as áreas em que atuava, incluindo a vida pessoal.

Em uma das crises do nosso país que mexeu muito com as empresas em geral, com os negócios e com a forma de administração como um todo, ouvi muito a palavra "esmagrecer", apesar de não existir no vocabulário brasileiro. Foi uma forma de expressar que mesmo uma administração empresarial enxuta e bem gerenciada ainda poderia fazer algo para conter seus custos e despesas.

Recordo-me que, naquele ano, muitas consultorias promoveram encontros, reuniões e fóruns para falar sobre as ações e medidas relacionadas a serem utilizadas como benchmarks[1], por presidentes e diretores para conter a crise. Recebi na ocasião um material bem interessante que tinha como título: "O que os grandes Presidentes/C.E.O.s estão fazendo para administrar a crise". Acabei enviando, então, esse material para frente como uma forma de contribuição para aquele cenário. Após alguns dias, nosso principal executivo começou a seguir essa cartilha e promover as ações ainda não praticadas em nossa empresa. Algumas dessas ações começaram a refletir muito no clima organizacional da empresa, causando, inclusive, descontentamentos e indignações. Naquele momento, eu ainda era novo no cargo de gestão, porém um excelente executor das ações, e me preocupava muito com os resultados. Então, procurei nosso principal executivo e, com todo o respeito, falei para ele sobre a aplicação do "meio-termo". Sugeri: "Vamos mudar, vamos promover ações sadias quanto aos custos e despesas, mas não vamos seguir para os extremos." Minha sugestão foi muito bem-aceita. Começamos a praticar as ações

---

[1] Pesquisa no mercado para entender as melhores práticas e modelos.

com a reflexão de menos impactos. Com isso, mantivemos o clima saudável e conseguimos também gerar economias. Entretanto, um ponto me chamou muito a atenção. Pelo fato da empresa não ser tão radical, algumas pessoas se conscientizaram e, por iniciativa própria, tomaram medidas para economizar. Em resumo, foi um ganho mútuo muito interessante, que comprovou que o "meio-termo" funciona, e muito.

Um outro exemplo que pode ser considerado nesse item é o hábito de escolha do consumidor frente aos produtos existentes no mercado. Participei, no passado, de um grupo interno que olhava para a perspectiva de novos negócios e fizemos, na ocasião, um estudo. Averiguamos que para uma linha de produtos havia no mercado somente duas opções de escolha: um com um alto preço e excelente qualidade e outro com custo baixo, mas com qualidade inferior. Conforme todos os trabalhos de pesquisas e estudos realizados, aprovamos um projeto para o lançamento de um novo produto que apresentava uma boa qualidade, suprindo na sua totalidade os itens mais críticos desse controle, mas com um preço mais acessível. Esse produto foi lançado em uma excelente campanha de marketing e, durante o período em que acompanhei o processo, ele ganhou espaço muito rápido, assumindo, em pouco tempo, o segundo lugar no consumo de mercado.

Quando o assunto é automóvel, por exemplo, que é um dos itens de maior consumo e rentabilidade de mercado, é visível perceber como a proposta do "meio-termo" usada pelas montadoras foi e continua sendo bem-aceita, pois, quando esse segmento entra com a ideia de oferecer a preços mais acessíveis carros mais completos, mas não tão luxuosos e com o consumidor pagando somente um pouco a mais por alguns confortos, sem dúvida essa passa a ser a opção mais usada e de maior escolha por parte do consumidor.

Observando esses dois exemplos, pode-se imaginar e calcular quantas oportunidades ainda há como um todo e que muitos produtos e serviços que ainda não oferecem esse "meio-termo", apesar de apresentarem uma boa gestão e uma excelente visão empreendedora, poderão perder um mercado promissor.

Para finalizar esse item, agradeço muito o privilégio que tive ao trabalhar com grandes profissionais, colegas diretores, gerentes, CEOs, vice-presidentes e acionistas. Sempre que me deparo com eles em decisões relevantes, sugiro o "meio-termo" e fico observando o resultado da decisão. É impressionante, mas sempre dá muito certo.

Tenho outros exemplos de casos em que o indivíduo passou a ter um enorme sucesso na carreira e nos negócios que conduzia quando começou a usar essa tática, junto com o equilíbrio, tanto na vida pessoal quanto na profissional.

Utilizando essa combinação, com certeza, a pessoa terá grandes conquistas.

"Muitas vezes, o melhor caminho a seguir é por um atalho"

Não dê voltas em problemas, tire-os da frente

Os problemas são um assunto constante em nossa vida. Eu diria até que temos fases ou períodos sem eles, mas, em nosso cotidiano, é comum enfrentá-los. Saber lidar com eles é um meio de sobrevivência e uma forma de simplesmente ser feliz.

De certo modo, tememos muito as consequências que os problemas nos trazem e sofremos muito por antecipação por coisas que poderão nem acontecer.

Imagine acordar todos os dias e naquele primeiro momento pensar que não há nenhuma preocupação ou problema para o dia. Sem dúvida, vem à mente uma sensação de felicidade. Ao contrário, ao imaginar uma lista enorme de problemas, alguns voltados ao trabalho, outros ao relacionamento familiar, contas atrasadas ou a vencer, sem dúvida, o dia não será dos melhores.

Gerenciar problemas é uma coisa, resolvê-los de modo a eliminá-los por completo é outra e requer muita habilidade e determinação. Assim, este tópico trata justamente desse ponto: resolver em definitivo e "tirar da frente".

Quando decidimos resolver de vez os problemas, muitas vezes pensamos no desgaste que isso poderá acarretar se não agirmos com decisão e firmeza. Não adianta dar voltas, temos que solucioná-los.

É importante iniciar esse exercício com coisas simples, evoluindo o comportamento e acostumando a mente a trabalhar nessa zona de desconforto. Assim, cria-se o hábito de tratar a solução com naturalidade.

Tenho um grande amigo que costuma arquivar os problemas em caixas imaginárias, conforme o nível de complexidade e importância. Na verdade, ele os separa para tratá-los conforme o seu temperamento do dia. Quando acorda de bom humor, ele resolve os problemas que requerem habilidades e atitudes positivas, usando a inspiração do dia para influenciar, conquistar, convencer, negociar, enfim, resolver por definitivo, direcionando o resultado para seus objetivos. Por outro lado, quando não acorda bem ou quando o dia se encaminha para um nível estressante e pesado, ele tira da caixa os problemas que requerem confronto e solução pesada. Assim, tudo aquilo que até então era difícil de ser tratado causando desconforto e desgaste, é resolvido naquele dia.

Esse exemplo não é colocado diretamente como uma recomendação ou sugestão. Ele apenas exemplifica uma forma de gerenciar a atuação de uma maneira em que não se dê voltas nos problemas e onde é possível escolher o melhor momento e dia para enfrentá-los. Esse meu amigo tem uma carreira e vida de muito sucesso e, com certeza, pratica rigorosamente o hábito de acabar definitivamente com os problemas.

Acabei descobrindo essa sua estratégia quando estávamos com muitas dificuldades em nossos projetos. No decorrer do dia, ele teve um desgaste grande com sua esposa e ficou muito alterado. Retornando ao escritório, chamou a secretária e disse: "Por favor, traga-me a relação de clientes devedores com os valores dos débitos que hoje vou ligar para todos eles. Vou trabalhar a tarde toda no departamento de contas a receber". Achei muito engraçada essa atitude, mas pude confirmar que funcionou muito bem e os problemas foram resolvidos satisfatoriamente.

Na minha vivência em meios profissionais e pessoais, notei de verdade o quanto as pessoas ignoram a prática de eliminar os problemas. Vi, também, o quanto a rotina de trabalho ou mesmo a pessoal é comprometida com velhos e antigos inconvenientes.

O tempo passa muito depressa e, sem dúvida, os problemas consomem a maior parte dele. Se não gerenciarmos bem o tempo gasto com eles, nada sobrará para ser empregado na prosperidade, em novos projetos, descobertas, inovações, melhorias e lazer. O sucesso poderá estar nesses itens.

Quando surgir no dia a dia uma situação problemática, tente resolvê-la e, no final, pergunte-se: "Isso voltará a ocorrer novamente?" Se a resposta for "não", o problema pode ser excluído da lista e você pode se preocupar com outros assuntos.

Esse hábito o ajudará a ter sucesso e prosperidade na vida pessoal e profissional.

"Não se preocupe se a vida lhe apresentar muitos problemas. Preocupe-se somente em não deixá-los em seu caminho"

Acredite em talentos

Atualmente, se perguntarmos para profissionais da área de Recursos Humanos de uma empresa ou entidade qual é o grande desafio para aquele ano, sem dúvida, a resposta pronta será: "Reter nossos Talentos".

Ao observar os profissionais trabalhando, é possível perceber que cada um possui habilidades e formas diferentes de executar determinadas tarefas. Certa vez, ouvi em um treinamento que participava, que o talento está naquilo em que se toparia fazer de graça até o final de sua vida, ou seja, é o que se faz com verdadeiro amor e prazer. Essa colocação ficou tão gravada em minha mente que passei a observar outros segmentos a minha volta. Pesquisei sobre a vida de alguns artistas e concluí que muitos deles ganharam dinheiro como uma consequência do que faziam, ou seja, o foco principal era o seu talento. Alguns deles, porém, acabaram pobres porque o dinheiro era o que menos interessava a eles.

É lógico que todos usufruem do dinheiro e quando ele acaba há mudança no padrão de vida. Nesse caso, vem a dor da perda. Refiro-me a algumas pessoas que não davam importância em como gastar, investir ou poupar, pois o talento e a felicidade delas estavam naquilo que faziam e não no que ganhavam.

Acredito que todos temos talentos, seja no meio familiar ou profissional, e isso pode trazer resultados significativos para uma empresa ou para a sociedade. O talento pode, inclusive, ser direcionado para uma atividade específica, mas é preciso primeiro acreditar no talento individual, observar as áreas em que se destaca e, então, direcioná-lo da melhor maneira possível.

Conclui-se, portanto, que o talento é único e quando aflora traz resultados surpreendentes.

Temos que trabalhar a mente e a cultura para identificar o talento, colocá-lo em prática, reconhecer os resultados obtidos e depois retê-lo para atingir um sucesso único e incomparável.

Uma empresa pode ganhar participação no mercado e gerar grande lucro se mantiver em seus organogramas pessoas que exercem seus talentos, pois o talento em ação pode fazer a diferença.

Acredito muito, também, que mesmo os grandes talentos possuem períodos de baixa entrega e mau comportamento.

Em uma de minhas passagens, um profissional muito talentoso passou por dificuldades na entrega de resultados, pois não estava bem na vida pessoal. Ele acabou cometendo erros em alguns aspectos técnicos e comportamentais na empresa. Na ocasião, tendo em vista seu histórico profissional e passagens anteriores positivas, resolvemos fazer um trabalho de recuperação. Fizemos uma estruturação em sua área, alguns laudos comportamentais, aplicação do *feedback* e contratamos uma empresa externa para um trabalho de *coaching*. Após um ano de trabalho, esse profissional se recuperou e voltou a trazer grandes trabalhos e resultados para a empresa.

Um dia, em uma conversa no café, ele disse algo que me sensibilizou muito: "Ricardo, gostaria muito de agradecer o que fizeram por mim. Eu errei muito e vocês me trouxeram de volta. Quando um profissional está apresentando bons resultados, é simples para a empresa agir com reconhecimento, mas o que mais me marcou foi que vocês me apoiaram em um momento em que eu estava mal de resultado e mal de comportamento. Nunca mais me esquecerei disso, pois em toda a minha vida profissional, esse foi o momento em que eu mais precisei da entidade e recebi grande ajuda. Serei eternamente grato por isso."

Essa passagem realmente foi marcante, pois mesmo um grande talento pode ter maus momentos. Esse exemplo serve de alerta, pois nem sempre estamos bem pessoal e profissionalmente. Erramos e isso faz parte da vida e é justamente nesses momentos que sabemos quem está conosco de verdade.

Um amigo muito engraçado costuma dizer: "Quer mesmo conhecer seu chefe? É só não bater meta" ou "Quer conhecer mesmo sua esposa? Separe-se dela".

Brincadeiras à parte, é preciso acreditar mesmo nas pessoas e ajudá-las sempre, principalmente nos momentos em que mais precisam. Fazendo isso, ganha-se a credibilidade e, principalmente, a lealdade da outra parte.

Isso também serve para o outro lado, pois é muito comum uma empresa começar a ter dificuldades de mercado e financeiras e logo alguns funcionários já irem preparando o seu CV

(Curriculum Vitae). Isso acontece muito, e, sem dúvida, é nessas horas que uma empresa pode saber quem está com ela de verdade, também.

É necessário que empresa e funcionário tenham lealdade e crença mútuas, pois o mercado muda, a vida muda, os conceitos mudam, e fazer o certo sempre é o melhor caminho para todos, lembrando que é nas dificuldades que a parceria se fortalece e se solidifica.

"O talento supera qualquer desafio e
alcança todas as metas"

Compromisso acima de tudo

8

Este tópico retrata muito o ditado popular "no fio do bigode", pois discute os ganhos obtidos quando cumprimos o que prometemos, independentemente se sofreremos ou não penalidades pelo descumprimento ou atraso.

No passado, quando não havia contratos ou documentos, essa prática de usar o "fio do bigode" realmente era muito utilizada, pois expressava muito o valor da palavra e da honra dos envolvidos.

Também ouvi muito de meu querido avô que, antigamente, não se usava cerca para a divisa de terra, mas sim bala de revólver. Ou seja, quando não havia acordo ou compromisso, cada um defendia sua honra conforme seus valores, princípios e entendimentos do que achava certo e justo.

Um ponto inicial que deve ser considerado e praticado é o cuidado que se deve ter antes de assumir o compromisso. Não importa o tamanho ou a importância, se assumido, o compromisso deve ser cumprido. Como a vida é uma via de mão dupla, a partir do momento em que entregamos ou recebemos, tudo fica mais leve e passa-se a colher os benefícios pelo comportamento assumido.

Também há situações em que alguns empecilhos podem nos trazer desvios nas entregas, prazos e resultados. Quando falo em compromisso também incluo a prática de retorno e transparência, porque avisar, antecipar e retornar é extremamente importante para manter o combinado.

No passado, vivi um processo de fusão entre empresas bastante interessante. Assumi, na ocasião, uma área corporativa para atendimento de nove unidades. Infelizmente, devido a um processo de venda e negociação da empresa, o foco da administração nas melhorias e processos ficou um pouco de fora dos objetivos durante o período de venda. Ao assumir essa área, me deparei com um bombardeio de demandas reprimidas das nove unidades, ou seja, eram cobranças e mais cobranças, mas a principal queixa era a falta de retorno.

Então, minhas primeiras semanas de trabalho foram voltadas para eliminar essas pendências. De forma muito objetiva, elaborei uma grande lista dessas pendências e comecei a trabalhar muito para resolvê-las. Como no início havia muitos assuntos complexos, alguns deles requeriam um tempo maior para a solução, já que dependiam de terceiros ou de algumas deliberações executivas devido aos impactos nas políticas, normas e procedimentos.

Para os problemas mais complicados eu negociava prazos, passava a dar retornos e informar o status para o devido acompanhamento de todos os envolvidos. Muitos desses prazos não foram cumpridos em razão da complexidade, mas eu sempre me preocupava em dar satisfação e esclarecer o status.

Ao iniciar esse processo, fiquei muito surpreso com a gratidão das pessoas pelo simples fato de eu ter dado a devida importância a um prazo combinado. Foi incrível esse trabalho, pois notei o quanto o retorno e a satisfação eram importantes para todos. Em curto prazo, esses assuntos foram sendo resolvidos e ao construir minha equipe de trabalho essa forma de atuar passou a ter um valor expressivo entre nós.

Foi uma carreira de sucesso nessa empresa e esse modelo corporativo passou a ser a nossa fortaleza. Além de tudo, foi um processo de trabalho extremamente gratificante, pois gerou confiança e credibilidade para a área e, principalmente, para as pessoas. Passou a ser a nossa imagem.

Cumprir o prometido deve ser o principal objetivo de qualquer empresa, entidade ou negócio, pois mesmo que algo elementar, pode ser um diferencial frente ao mercado ou modelo de atuação.

No passado, precisei de um trabalho específico de consultoria para a prestação de serviços. Esse trabalho era voltado a pesquisas e estudos de mercados para uma área de negócio. No processo de seleção e de entrevistas com as empresas de consultoria, todas apresentaram um portfólio lindo e completo. Era a visão de um mundo perfeito e dos sonhos. Então, quando fiz minha última entrevista para a melhor escolha, perguntei, como já havia perguntado para os demais profissionais, qual era o seu diferencial competitivo. O gerente comercial dessa empresa me respondeu: "O meu diferencial é o cumprimento dos prazos acordados. Inclusive, tenho aqui comigo a lista das últimas cinquenta empresas a que prestamos serviços, o contato de todos os profissionais responsáveis pelos contratos e mais uma declaração, com firma reconhecida, oficializando que nossa empresa cumpriu todos os prazos". Então, disse a ele que essa era uma obrigação contratual e que entendia não ser um diferencial para a prestação de serviço em tela. Em seguida, ele me disse novamente: "Não é? Então, por favor, solicite essa mesma relação às empresas concorrentes e depois conversaremos". Fiquei realmente incomodado com essa colocação, fiz exatamente o que ele sugeriu e a surpresa foi grande. Nenhuma dessas outras empresas foram convincentes e algumas até desistiram do processo sem justificativas.

A empresa que ganhou o contrato atuou fortemente nesse quesito e fez de uma obrigação o seu diferencial.

Falaremos logo adiante sobre o "algo a mais", mas fazendo uma junção a esse item, ao cumprir o prometido com prazo e qualidade, entregando o que se tem de melhor, você e sua empresa ou entidade terão em mãos a fórmula do sucesso, sem riscos de fracasso. Pode acreditar.

"Nossos compromissos devem ser
nossas prioridades"

Fazer diferente pode ser a resposta

Quando há muitas demandas e difíceis desafios, alguns deles requerem atuação para uma solução. É aí que entra o tópico "Fazer diferente pode ser a resposta". Isso, de certa forma, pode simplificar um pouco as coisas.

Há situações em que é preciso reverter um cenário, porque aquele não é o ideal. É aconselhável, então, fazer "diferente" para que haja mudanças e tendências de resultados satisfatórios.

Em um projeto de contratação de mão de obra que eu gerenciava, estávamos passando por uma dificuldade muito grande de falta de prestadores de serviço para operacionalizar uma linha de produção. O *turnover*[1] era elevado e não conseguíamos manter os profissionais na operação. Então, junto com a equipe, fizemos uma análise e revisão dos perfis in-

[1] Rotatividade de funcionários dentro de uma empresa.

ternos. Concluímos que tudo estava certo e dentro do nosso modelo e premissas. Não tínhamos muito o que fazer a não ser continuar tentando.

Foi aí que resolvemos fazer de outra maneira e pegamos o caminho contrário. O perfil contratado até então era definido de uma certa maneira, com critérios estabelecidos: idade, formação, estado civil e outros. Tendo em vista nossas dificuldades, solicitei à equipe que montasse um ranking de vinte candidatos e contratasse os dez últimos colocados. No primeiro momento, ninguém concordou, pois era realmente "fazer algo bem diferente". Acordamos, enfim, em fazer um teste com esses dez profissionais. Nos primeiros quinze dias, um deles desistiu. Imediatamente a analista responsável me procurou dizendo: "Te falei, chefe, um já se foi". Eu continuei firme e pensei: ainda restam nove. Após dois meses, um outro profissional foi desligado por mau comportamento. Novamente, a analista responsável me disse: "Te falei, chefe". Mantive minha postura e pensei: ainda restam oito. Após quatro meses, concluímos que deu certo. O sucesso estava garantido e o trabalho bem concluído.

Gostaria apenas de esclarecer que pegar um caminho inverso nem sempre é a solução, mas se cada caso for bem avaliado, poderá trazer um bom resultado.

Nesse exemplo, quebramos alguns paradigmas e fizemos "diferente". Funcionou de modo muito satisfatório.

Gostaria de citar mais um exemplo que julgo muito interessante também. Tive a oportunidade de conhecer um senhor que trabalhou a vida toda na área industrial de grandes empresas. Ele ocupou por anos a função de gerente de fábrica. Em todas as empresas em que trabalhava, era sempre conhecido como o grande solucionador de problemas. Na verdade, ele ficava transitando entre fábricas por certos períodos para acertar os processos e performance. Sempre que uma fábrica começava a perder resultados, não cumprir o plano de produção ou ter queda em alguns indicadores ele era designado para a unidade e passava meses, ou até anos, fazendo os ajustes. Certa vez, ficamos horas conversando sobre a vida profissional, então perguntei-lhe o que de fato ele fazia para ser sempre o "solucionador de problemas". Ele respondeu, de forma muito simples, que por causa de sua idade e vivência profissional, tinha uma experiência muito grande, aprendeu muito com a vida e com as situações. Mas disse também outra coisa muito interessante. Sempre que chegava a uma fábrica procurava se inteirar de todos os processos e começava fazendo alguns ajustes: checava o período de manutenção preventiva e alterava as datas, verificava alguns parâmetros de máquinas e fazia as devidas modificações, mexia na distribuição das pessoas durante os turnos, enfim, ele apenas ajustava os processos e "fazia diferente".

Resumiu-me dizendo que, se os resultados não aparecerem, o ideal é agir de outra maneira para conseguir melhorar o processo sem grandes esforços.

Também não gostaria de deixar esse exemplo como regra, mas achei rica a contribuição e o modelo de trabalho desse profissional.

Reforço, porém, que todo caso deve ser muito bem avaliado para se encontrar o melhor caminho para a melhor solução.

Na maioria das situações que vivenciei, fazer diferente, com certeza, foi mais trabalhoso e mais árduo, por isso é que ainda não tinha sido feito anteriormente.

Fazer de outro modo é uma forma de mudar uma tendência de resultados que, consequentemente, também poderão ser diferentes e melhores.

Muitos dos grandes nomes artísticos que conhecemos tiveram seu sucesso destacado pelo fato de terem feito algo que ninguém antes havia feito: algo diferenciado. Um exemplo artístico musical é o dos "Mamonas Assassinas" que foram revelados pelo talento, alegria e outros destaques que os faziam diferentes. Foi o grupo que mais vendeu CDs em um curto período de tempo. Depois deles, surgiram muitos outros tentando a revelação no mesmo segmento e estilo, porém não tiveram sucesso. No meio artístico, atualmente, o que não é comum chama a atenção e o público, sem dúvida, quer ver coisas novas e diferenciadas.

Também é possível exemplificar nesse tópico a própria carreira política de "Lula" (Luiz Inácio Lula da Silva). No ano em que foi eleito Presidente da República fez uma campanha e uma proposta de governo diferentes e conseguiu seus objetivos.

Em suma, para reverter um cenário ou resultado, o ideal é fazer diferente. Podem ser coisas mais simples, mas, às vezes, mais trabalhosas. É melhor algo mais elaborado com bons resultados do que alguma coisa simples e sem respostas positivas.

"É fazendo coisas diferentes que se chega à evolução"

10

Desafie melhores resultados

Quais são nossos limites? Será que temos limites?

Buscar melhores resultados requer ultrapassar alguns limites. Dentro do nosso dia a dia fazemos coisas que se tornam rotina e, quando nos acostumamos com essa situação, há um risco muito grande de acomodação e aceitação de resultados medianos, ou seja, aqueles que só atendem à demanda.

Ao trazer este tópico para este livro, gostaria de provocar em você, leitor, uma autoavaliação, para que pense se, de fato, está fazendo e entregando o seu melhor. Será que não consigo ser um melhor pai, mãe ou filho? Será que realmente não consigo ser um amigo melhor? Será que, me esforçando um pouco mais, não poderei ser o profissional ideal? Será que como empresa ou negócio, produzo, entrego ou presto o melhor serviço e produto? Aí está o ponto de partida: conseguir melhores resultados.

Enquanto líderes, temos à nossa frente a responsabilidade e a incumbência de gerir pessoas, projetos, negócios ou processos. Nosso dever e obrigação é gerar evolução com melhores resultados. Para isso é preciso impor uma postura de líder que desafie sua equipe ou o time de trabalho para buscarem juntos melhores resultados.

Para atingir esse nível, será preciso tirar de cada um o que se tem de melhor. Será preciso motivar e influenciar o próximo a buscar e querer mais, ou seja, a ultrapassar seus limites, buscar o novo e, em alguns casos, algo que nunca foi tentado. É preciso acreditar e encontrar caminhos para a superação.

Olhando um pouquinho para a área de esportes, encontramos um exemplo muito claro na corrida e no levantamento de pesos. Para melhorar seus resultados, um corredor deve treinar com muito esforço e superação, aumentando gradativamente sua velocidade para conseguir seu melhor tempo. Quanto aos levantadores de pesos, o processo é o mesmo. É preciso estender suas metas com um trabalho diário, persistente e de muita concentração.

Quando falamos em resultados no meio profissional, significa trabalhar pausadamente dentro da filosofia de ir além, pois assim nos desafiamos e criamos a cultura de superação de limites e avanços nos resultados.

Trago esse conceito pois entendo que todos ganham com essa cultura de superação. O profissional porque se desenvolve e evolui na carreira, a empresa porque melhora seus resultados e o público em geral pois poderá usufruir de um melhor produto ou prestação de serviço no meio empresarial ou de caráter geral.

Indico uma metodologia simples para desenvolver e melhorar a trajetória profissional de um indivíduo, de uma empresa ou entidade, que também pode ser usada na reversão de resultados e para estimular a excelência: é a "vala do problema". Essa metodologia ajuda a direcionar e a priorizar aquilo que requer menos esforço e que traz resultado mais rápido. Vejam na página seguinte.

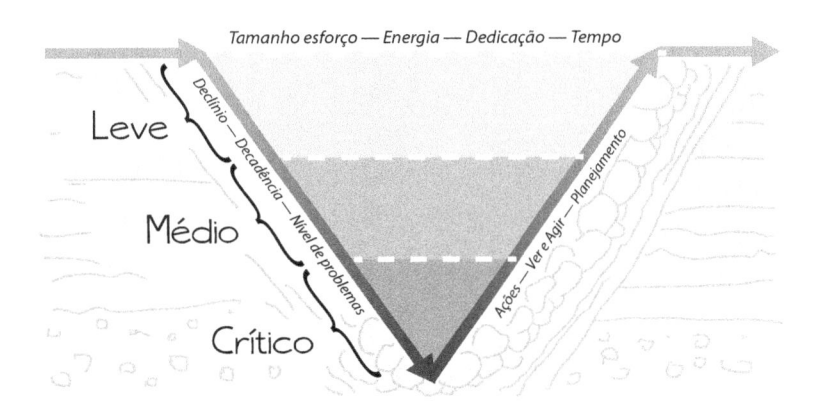

No conceito acima, quando o resultado já for favorável, temos que buscar elevá-lo ao "topo", ou melhor, até a seta cinza horizontal acima, onde ocorrem os "melhores resultados". São os desafios para a excelência.

Dessa forma, enquadrando o resultado atual do indivíduo, empresa ou entidade dentro dos níveis Leve, Médio e Crítico, é possível estabelecer ações priorizadas para que o resultado atual se eleve ao nível de excelência e o sucesso tão desejado seja alcançado.

Por natureza, o ser humano gosta de ser desafiado. Os desafios podem nos levar a uma posição de destaque e evidência pessoal, e até mesmo de fama, por que não? Cabe ao bom líder propor os desafios de maneira positiva, participando e auxiliando nos momentos difíceis, árduos ou desconfortáveis.

Quando os resultados aparecem, experimentamos uma sensação única. A melhor performance possível é posta em prática quando nosso sentido de superação é desafiado.

"Não há limites para quem busca fazer
sempre o melhor"

O reconhecimento está no "algo a mais"

11

Se um dia alguém lhe disse que na vida as coisas são simples e fáceis, errou. Se alguém lhe disse que tudo na vida é difícil, também errou. Na verdade, a resposta parte de uma simples pergunta: o que você quer ser na vida? É o que veremos neste tópico.

Se sua resposta for crescer na vida independentemente da profissão ou carreira, sem dúvida o caminho será de muito trabalho e transpiração.

Costumo dizer que para uma carreira de sucesso e prosperidade é preciso escolher e agir para isso, pois fazer o "algo a mais" é uma opção de vida e um modelo de atuação.

Entendo também que dependendo do modelo para níveis iniciais de uma empresa ou entidade, o perfil a ser contratado deverá apresentar aptidão a esse item, pois os processos, técnica e negócio podem ser ensinados, mas a atitude já deverá vir pronta.

Quando falamos também em negócio, mercado e mundo globalizado, os consumidores em geral também escolhem as marcas que têm esse "algo a mais". Para um novo produto ser bem-aceito e consumido, deverá oferecer algo além do que já existe.

Vejamos o exemplo da tecnologia de celulares. Nos primeiros aparelhos produzidos, apenas se falava. A função era só essa. Hoje em dia, os que apresentam a melhor tecnologia e o "algo muito a mais" conseguem uma duradoura sobrevivência no mercado.

Quando olhamos para outros mercados também nos deparamos com o mesmo cenário, as grandes evoluções de companhias também estão ligadas a esse modelo de atuação. O consumidor atual ou cliente compra no mercado "solução", pois as opções de compra e de escolha são muitas atualmente devido à expansão da tecnologia. Outro ponto para observarmos seriam as gôndolas dos supermercados, além da enorme variedade de produtos existentes para todos os nichos, todos os produtos concorrem, além do preço, com a expansão de benefícios e características oferecidas por eles, ou seja, todos os produtos que continuam na prateleira e com participação significativa no mercado apresentam mais soluções e benefícios para seu consumidor do que antes.

Ao analisar esse exemplo, costumo dizer que passamos pela era da Agricultura, fomos para era da Indústria e agora estamos na era do Conhecimento, ou seja, as empresas vendem inovação e facilidades, e para isso é preciso gerir conhecimento.

Para o indivíduo, empresa ou entidade, entregar "o algo a mais" é inteligente, estratégico e necessário.

O próprio modelo atual de ensino também passa por transformações, pois o conhecimento formal vem da escola, mas as fontes de conhecimentos não são somente essas.

Em uma de minhas passagens, em um processo de assessment[1] por uma importante consultoria, fui entrevistado por um grande consultor. Ele me questionou por que eu era tão carreirista. Expliquei a ele que não me via assim. Até exemplifiquei sobre uma das mudanças que fiz por questões pessoais e não profissionais, ou seja, priorizei minha família e não o trabalho, que tinha como proposta uma sequência interessante de carreira. Ele me disse, então, que eu era carreirista pelo modelo de atuação, pois fazia muito a mais do que me era pedido e com bons resultados, e, dessa forma, as promoções em minha carreira eram rápidas e frequentes.

Entendi, então, que a carreira de um profissional está no que ele faz a mais. Ele é promovido ou reconhecido pelo seu "algo a mais".

---

[1] Corresponde à avaliação, mas no ambiente corporativo corresponde, cada vez mais, ao conceito de gestão profissional. Em síntese: avaliar competências e conhecer, com maior eficiência e critério, as pessoas.

Vejamos o quadro abaixo:

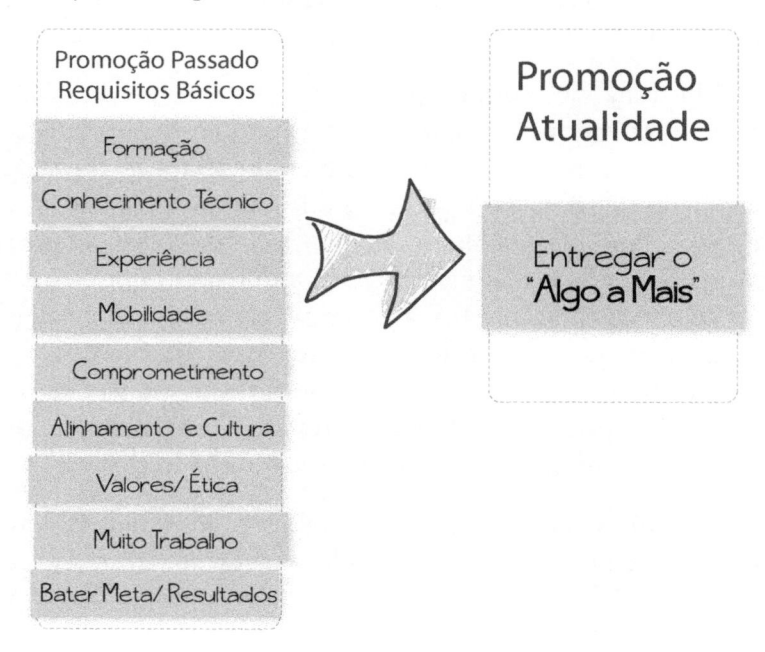

No quadro acima, demonstro que no passado as promoções dentro das empresas eram voltadas ao cumprimento de certos pré-requisitos, mas com o passar do tempo eles passaram a ser requisitos básicos. Quase todos têm.

Atualmente, destaco que se quisermos ter uma carreira de sucesso, além da lista do primeiro quadro, teremos que ter o já mencionado "algo a mais".

Quando paro para pensar nisso, vejo que comigo foi assim e com os colegas ao meu redor também. É claro, sempre há exceções.

Quero, portanto, chamar a atenção e destacar que este tópico é muito importante e difícil, pois fazer o "a mais" requer esforço e isso não cabe dentro da jornada de trabalho. É preciso o famoso e velho "sacrifício" sempre, trabalhando muito mais. Como dizia um amigo: o sacrifício dói, e muito.

Mas pode ter certeza de que se você "se superar", merecerá destaque, mesmo que não seja de imediato. O tempo certamente lhe dará respostas positivas e animadoras.

"Fazer o 'algo a mais' não é simples, e sim sacrificante, mas é aí que está a sua vitória"

Tire o melhor de cada um

12

Partindo do princípio já discutido de que cada um tem algum talento, este item é direcionado para a melhor alocação e direcionamento individual. Tirar o melhor de cada pessoa quando se fala em equipe é ter a perfeição, pois a soma de qualidades individuais elevada ao coletivo gera praticamente um conjunto perfeito.

Quem já não viu uma equipe de qualquer modalidade de esporte ganhar um campeonato ou torneio sem grandes estrelas, ou sem um número tão grande de estrelas? Isso é muito comum quando um treinador ou técnico aloca bem o elenco e treina cada um no seu melhor. Na prática, o que ele constrói são fortalezas para cada necessidade e para enfrentar qualquer adversário.

Em um de meus projetos e trabalhos, observei um líder executando isso na prática. Foi na gestão de uma indústria no qual o diretor, ao assumir o controle da operação, ficou 60 dias observando as características e fortalezas de uma equipe de dez liderados que também eram líderes de equipe. Após toda a avaliação e análises, ele realocou a posição do time conforme essas qualidades encontradas, ou seja, posicionou cada um de acordo com o que tinha de melhor. No começo, houve muita resistência e desmotivação, mas a partir do início dos trabalhos, quando todos começaram a entregar resultados, a equipe elevou o trabalho a um nível de excelência extremamente alto. Em seguida, vieram resultados nunca vistos, como por exemplo, um lucro com acréscimo de 80%, turnover e absenteísmo de 0% em dois anos, nenhum acidente de trabalho e, para consolidar, além de outros resultados significativos, a empresa comprou seu maior concorrente no Brasil, saindo de uma participação de mercado de 20% do mercado nacional para 67%.

Um ponto bastante importante a ser considerado neste capítulo é entender que cada um vive um momento de vida diferente e, consequentemente, desempenha o seu melhor de maneira diferenciada também. Isso depende muito também de cada pessoa. Alguns, por natureza, não deixam a vida pessoal interferir na vida profissional. Outros, porém, precisam de um todo para entregar o seu melhor. Entender e buscar a correta postura em cada caso, também será fundamental para se obter melhores resultados.

Para conseguir extrair o melhor de cada um em um projeto ou tarefa é necessário habilidade e assertividade no trato com as pessoas. Quando isso acontece, os resultados obtidos ficam acima da média e todos têm ganhos fantásticos.

Para saber o que cada indivíduo tem de melhor, basta perceber as coisas que ele faz sem esforço e sem recompensa. Pergunte também o que ele faria de graça até o final de sua vida. Pela resposta, o seu talento ficará evidente, assim como o que ele tem de melhor para oferecer.

"O segredo do sucesso de uma equipe
está na junção do melhor de cada um"

13

A queda faz parte da escalada

Muitas vezes achamos que o sucesso consiste em conquistar a todo o momento. Por diversas vezes também concluímos que toda derrota vem como castigo, ou como uma penitência por algo que possivelmente podemos merecer. Mas, após passar por inúmeras experiências próprias ou por ver muitos casos de amigos próximos e pessoas à minha volta, concluo que toda queda quando superada vem como um presente para o nosso próprio crescimento e aprendizado. E ainda muito mais, após uma superação você sempre volta para um degrau mais adiante, ou seja, você volta na frente de onde caiu. Entendo que a superação de uma queda ensina muito para qualquer pessoa e faz com que o indivíduo desenvolva fortalezas em situações e comportamentos onde não havia.

Uma vez, iniciei um trabalho de parceria de negócio com um empresário já de muito sucesso, era uma pessoa muito madura e bastante admirável por conquistas pessoais e pelo trabalho de apoio que fazia para a sociedade como um todo. Quando começamos a nos conhecer melhor, ele passou a contar passagens de sua trajetória, sendo que nessa mesma época descobrimos que tínhamos um amigo em comum, amigo esse que estava passando por uma situação muito difícil na carreira profissional e na vida pessoal. Por gostarmos tanto desse amigo, chamamos ele em uma tarde para um café e bate-papo, com o intuito de dar uma força e ajudar em algo. Esse amigo nos contou uma história triste, um momento difícil e muito complicado que vinha passando, estava praticamente desolado e desanimado da vida, de tudo mesmo.

No meio de nossa conversa, após ouvi-lo bastante, esse empresário balançou a cabeça sorrindo com um olhar bem feliz e disse: "Amigo você está recebendo um presente de Deus, agradeça tudo isso, curta cada momento dessa tristeza, registre tudo o que está à sua volta, chore muito, sofra muito, porque logo mais, tudo te colocará em um lugar que nunca imaginou chegar. Tenho experiência forte em situações como essa e pode ter certeza que o sucesso que tenho hoje não veio de minhas conquistas e histórias alegres. Meu sucesso, amigo, vem de situações duras e difíceis que a vida me proporcionou, situações essas que me fizeram pensar em desistir de tudo, de chegar ao extremo da vida e não querer mais viver. Cada cicatriz que há em mim hoje e cada lágrima que já chorei resultaram no sucesso e na felicidade que tenho hoje. Parece piada, mas agradeço a Deus, de verdade, pelo maus momentos e quedas que já tive, pois era justamente nesses momentos em que eu me encontrava como ser humano, me conhecia mais e mais, e quando me conheci de verdade vi minhas fraquezas, lutei para melhorá-las, mas quando conheci a fundo minhas fortalezas, ninguém mais me segurou. E o mais importante de tudo, você aprende a errar menos e aprende muito, mas muito mesmo, a acertar mais, a ser assertivo de verdade em suas escolhas de vida, e a fazer o melhor, principalmente o melhor para o próximo e para Deus, pois é assim que se chega ao topo. Você, como todos, nasceu para o sucesso, portanto não desista, não mesmo, pois se não desistir, voltará mais forte e pronto para outra queda, e se ela vier mais uma vez, e você superar, subirá novamente, até chegar um dia em que as quedas serão degraus para o topo. Pode apostar que não tem erro, boa sorte mesmo e vamos em frente".

E as palavras mudaram a vida de nosso amigo. Após 1 ano, lá estava ele sorrindo, e em um lugar melhor do que antes. Superou e aprendeu que a queda é importante, não é fácil, mas é importante. Entendo que a fase ruim da vida leva você a fazer coisas que nunca fez antes, e ao fazer, você desenvolve um outro lado até então não trabalhado e treinado anteriormente, logo, você se torna uma pessoa mais completa para a vida. Por isso, afirmo que um topo bem sustentado e sólido somente é possível quando se aprende a crescer com as dificuldades e barreiras. Também gostaria de ressaltar um ponto muito importante no que diz respeito ao apoio e suporte a quem recebe a queda.

No meio corporativo, é algo muito triste e doloroso perder o emprego, principalmente se o profissional tiver muito tempo de empresa. Costumo sempre dizer que uma empresa deve pensar muito, mas muito mesmo ao fazer um desligamento, pois muitas vezes não estamos tirando apenas o emprego ou a remuneração de uma pessoa, pode-se estar tirando a vida dela. Eu já passei por isso em minha carreira e confesso que se perde tudo do dia para a noite e a dor é algo que pode te levar a uma tristeza capaz de te colocar em um estado crítico emocional e, consequentemente, de saúde. Dependendo do nível hierárquico e do modelo de trabalho de um profissional, a empresa pode representar até 70% do tempo de dedicação do profissional. Nesse caso, você respira a empresa, somente enxerga a empresa, vive para a empresa, e um dia a empresa não te quer mais. Você era a empresa. Vejo que quando trilhamos uma carreira e traçamos objetivos de vida profissional, a dedicação é o único caminho, mas é preciso também ter uma vida pessoal. Ser um profissional dedicado sim, mas ter também sua vida, pois é algo sadio para os dois lados.

Por outro lado, uma empresa deve observar e considerar como é a vida de seus profissionais, pois como todos, uma empresa também tem responsabilidades pelo que pode causar a um profissional, não somente em questões financeiras como já dito, mas também em questões pessoais, pois um empresa é formada por pessoas e pessoas são formadas de sentimentos. Durante anos de trabalho, convivendo com desligamentos e vendo pessoas sofrendo com esse processo, passei a estudar mais a fundo os motivos e decisões das empresas, e conclui que parte do problema de um desligamento vem de uma possível promoção ou contratação errada, sendo que outra parte pode vir de diversos fatores como resultados e comportamento. Dessa forma, estudei algo que poderia ajudar muito nesse processo, seria uma ferramenta para gerar maior assertividade no recrutamento e seleção, promoção e desligamento, além da aplicação do Assessment e ferramentas já disponíveis no mercado. Construí, então, uma ferramenta que chamo de "ANC — Avaliação de Nivelamento de Carreira", essa ferramenta é formada seguindo 4 níveis de enquadramento, sendo sequencialmente: nível Profissional, nível Supervisão/Coordenação, nível Gerencial e nível de Diretoria, pois ter assertividade na transição desses níveis pode ajudar muito uma empresa e ainda mais um profissional, seja para homologar uma promoção, ou negá-la.

Juntamente a esses níveis foram criados alguns pilares de avaliação e enquadramento nesses níveis como: Visão de Negócio, Gestão de Pessoas, Aderência a Processos, Foco em Resultados, Valores e Ética, Indicadores e Método, Trabalho em Equipe e, por último, Vida Pessoal. Para medição e aderência desses pilares nos níveis mencionados, foram desenvolvidas frases de referência dos pilares para cada nível estabelecido. Como o processo é executado por meio de entrevista, o entrevistado terá que escolher uma frase que mais se aproxime de seu momento e que ele esteja mais apto a falar sobre. Dessa forma, é possível fazer um primeiro enquadramento do nível que ele escolheu e averiguar seu enquadramento conforme seu desenvolvimento na explanação do tema. Além de dar muito foco à entrevista, se economiza tempo com objetividade. No final da entrevista, é possível ter uma visão geral por nível de conhecimento junto aos níveis hierárquicos estabelecidos, sendo que é surpreendente como o entrevistado e o entrevistador ficam cientes da aderência entre vaga e pessoa. Ao final desse capítulo, temos uma tabela com um exemplo da ferramenta.

Ela foi testada e aplicada com bastante propriedade e traz diferenças interessantes para os processos. Essa foi uma forma de ajudar as empresas na aplicação de ferramentas que geram maior assertividade para ambos no processo, reforçando que o objetivo principal seria diminuirmos o número de desligamentos de cargos mais elevados dentro das organizações.

Para fechar esse capítulo, gostaria de mencionar que antes de um desligamento, seja ele por iniciativa da empresa ou do trabalhador, que todos avaliem de verdade se essa realmente é a melhor e mais correta decisão, verificando se não há possibilidade de uma outra chance para o outro lado, pois existem desligamentos que, após um certo período, conseguimos sentir e constatar que foi ruim para ambos, ou seja, o profissional sofre com a perda da empresa, do seu ambiente de trabalho, do seu grupo de trabalho, da sua segurança financeira, entre outras coisas, e a empresa sofre porque não conseguiu contratar alguém que entregasse o mesmo resultado, portanto, a decisão assertiva é sempre a melhor, mas infelizmente, a certeza surge após um tempo.

ANC - Avaliação de Nivelamento Profissional

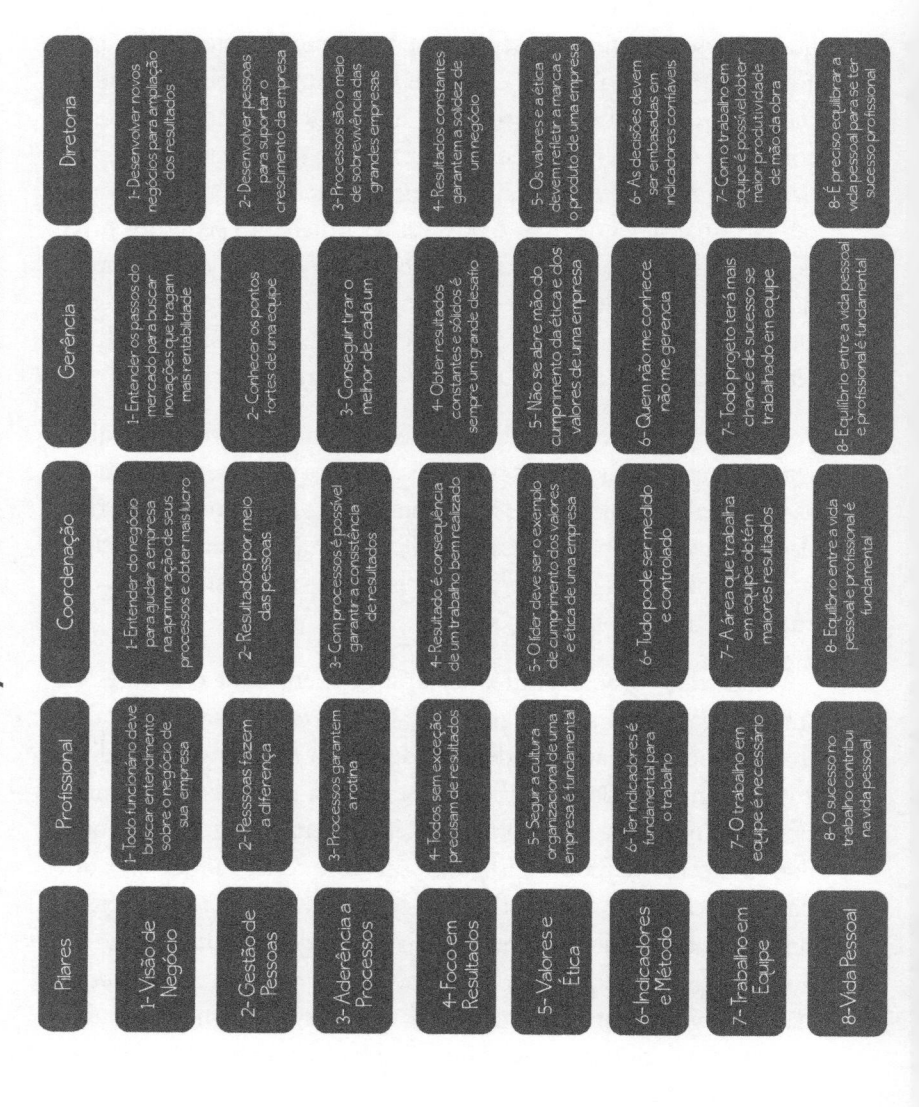

Pilares	Profissional	Coordenação	Gerência	Diretoria
1- Visão de Negócio	1- Todo funcionário deve buscar entendimento sobre o negócio de sua empresa	1- Entender do negócio para ajudar a empresa na aprimoração de seus processos e obter mais lucro	1- Entender os passos do mercado para buscar inovações que tragam mais rentabilidade	1- Desenvolver novos negócios para ampliação dos resultados
2- Gestão de Pessoas	2- Pessoas fazem a diferença	2- Resultados por meio das pessoas	2- Conhecer os pontos fortes de uma equipe	2- Desenvolver pessoas para suportar o crescimento da empresa
3- Aderência a Processos	3- Processos garantem a rotina	3- Com processos é possível garantir a consistência de resultados	3- Conseguir tirar o melhor de cada um	3- Processos são o meio de sobrevivência das grandes empresas
4- Foco em Resultados	4- Todos sem exceção precisam de resultados	4- Resultado é consequência de um trabalho bem realizado	4- Obter resultados constantes e sólidos é sempre um grande desafio	4- Resultados constantes garantem a solidez de um negócio
5- Valores e Ética	5- Seguir a cultura organizacional de uma empresa é fundamental	5- O líder deve ser o exemplo de cumprimento dos valores e ética de uma empresa	5- Não se abre mão do cumprimento da ética e dos valores de uma empresa	5- Os valores e a ética devem refletir a marca e o produto de uma empresa
6- Indicadores e Método	6- Ter indicadores é fundamental para o trabalho	6- Tudo pode ser medido e controlado	6- Quem não me conhece, não me gerencia	6- As decisões devem ser embasadas em indicadores confiáveis
7- Trabalho em Equipe	7- O trabalho em equipe é necessário	7- A área que trabalha em equipe obtém maiores resultados	7- Todo projeto terá mais chance de sucesso se trabalhado em equipe	7- Com o trabalho em equipe é possível obter maior produtividade de mão de obra
8- Vida Pessoal	8- O sucesso no trabalho contribui na vida pessoal	8- Equilíbrio entre a vida pessoal e profissional é fundamental	8- Equilíbrio entre a vida pessoal e profissional é fundamental	8- É preciso equilibrar a vida pessoal para a se ter sucesso profissional

"Não se chega ao topo sem queda, sendo que você o
conquista quando decide não parar"

14

Seja amigo da sua equipe

Um líder ou gestor significa muito na vida de uma pessoa, pois passa a ser a sua referência para tudo, tanto positiva quanto negativamente. Costumo dizer que, em alguns momentos e picos de tarefas a cumprir, um indivíduo ao acordar se lembra do chefe em primeiro lugar, ou seja, pensa no trabalho do qual também faz parte.

Quando se tem um bom líder, acorda-se inspirado para partilhar com ele mais um dia de trabalho, seja um dia difícil ou de grandes conquistas. Porém, quando o gestor não é dos melhores, logo pela manhã já se sabe que o dia não será tão bom, pois tudo se tornará mais pesado e difícil. Por isso, gosto muito de reforçar o quanto "a liderança" é missão de vida.

Um líder ou gestor pode ser considerado um amigo de sua equipe. Apesar de já ter lido muito que não se pode ter proximidade com os liderados para que não haja confusão de papéis, entendo que ao se construir uma relação ética, verdadeira e profissional, a amizade apenas complementa a vontade e a intenção de entregar e fazer sempre o melhor para alcançar o sucesso desejado.

Em uma de minhas passagens, onde construí a "Equipe dos Sonhos", formou-se um ambiente de trabalho de muita amizade e respeito e a aliança entre as partes se tornou tão forte, que se não fossem entregues resultados excelentes, não seriam cabíveis dentro da relação. Fui questionado algumas vezes pelas proximidade e amizade que tinha com esse time, mas os resultados falavam por si só. Gostaria de ter uma empresa inteira com áreas que tivessem o mesmo compromisso com os resultados que esse time tinha. Imagino, inclusive, como seria uma equipe de vendas nesse formato. Tenho certeza que o percentual de participação de ganho de mercado e faturamento demonstrariam o quanto ser amigo de uma equipe poderia ser a estratégia de negócio de uma empresa e torná-la imbatível no mercado de sua atuação.

Sempre defendi um modelo de trabalho por onde passei, esse modelo se chama: "resultados por meio das pessoas". Uma empresa que implementar esse modelo na prática, com crença e patrocínio, prosperará mais do que planeja e imagina, pois tudo passa por pessoas. Como já dito, quem dá o tom no negócio são as pessoas.

Quando vou a fundo nesse modelo, penso na área de vendas de uma empresa. Se como exemplo considerarmos que o produto final de uma área industrial é o produto fabricado, o produto de logística é o transporte, o da área de vendas seriam simplesmente as "pessoas", ou seja, nesse conceito, para se vender mais, basta cuidar da equipe de vendas para se ter o melhor produto final. Portanto, ser amigo da sua equipe de vendas poderá ser uma resposta bastante significativa para o seu negócio.

É preciso tratar esse conceito com bastante coerência e criticidade, mas é possível implementar um modelo que dê segurança ao "homem de vendas", pois vender não é uma profissão simples. Além das dificuldades e guerras de mercado, o profissional de vendas enfrenta o fator "meta" em seu dia a dia como nenhuma outra área enfrenta, e quando se inicia o mês, seu resultado é simplesmente zero, e sua remuneração variável também. Acredito que o primeiro ponto para se cuidar da equipe de vendas é fazer com que os gestores dessas equipes sejam amigos do seu time. Assim, a confiança e o apoio seriam a base para a relação e o relacionamento.

Seguindo esse conceito, acredito muito que um profissional não trabalha somente para uma empresa, ele trabalha principalmente para o seu chefe. Por isso, muitas empresas implementam programas de treinamento para líderes e gestores, pois a formação de resultados começa desse ponto.

Através deste tópico quero destacar que não basta apenas ter boas técnicas de gestão, é preciso que um líder esteja de fato junto com a sua equipe.

Assim, entendo dois modelos de atuação conforme abaixo:

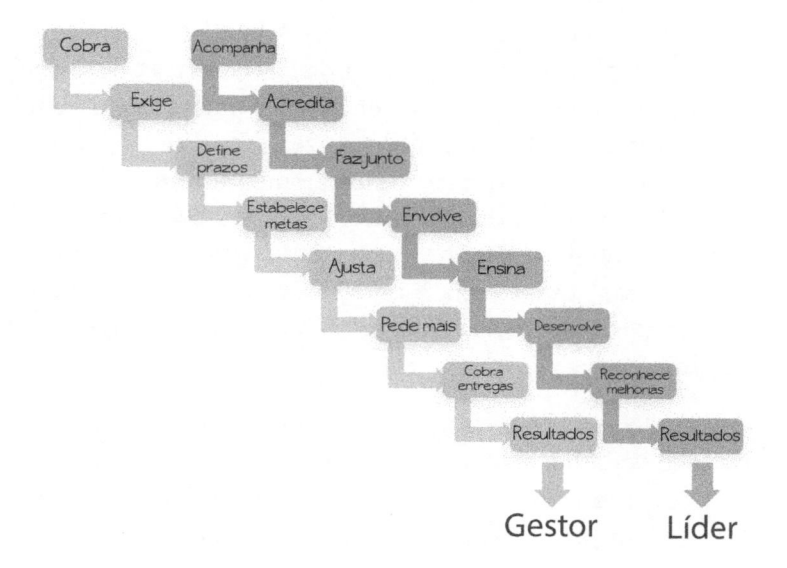

A partir do momento em que segue a sequência acima, não dá para o líder não ser próximo da equipe. Ele se torna "a equipe".

O líder, atuando com seriedade e profissionalismo, reconhece o trabalho de cada um, orienta o desenvolvimento e confia nos bons resultados.

A afinidade e a amizade são consequências do bom relacionamento humano, não esquecendo que sempre haverá pela frente desafios, cobranças, metas a cumprir, correções e feedbacks.

A motivação constante também é um fator que contribui muitíssimo para excelentes resultados.

Ser amigo de uma equipe não é apenas ajudar ou proteger, mas sim fazer o melhor acontecer.

Seja amigo de sua equipe e terá mais que uma equipe, terá uma segunda família ao seu lado.

"Não colecione troféus, colecione pessoas gratas pela diferença que fez na vida delas"

15

O reconhecimento faz a diferença

Quando falo em reconhecimento, abranjo todas as formas e maneiras possíveis de aplicação, visto que para quaisquer situações sempre cabe o melhor e mais adequado modelo. Nesse tópico, gostaria de falar de algo muito elementar que é o "simples" fato de cumprimentar ou destacar o indivíduo de alguma forma por alguma entrega bem realizada ou por ter superado uma expectativa.

Todas as vezes que nos propomos a fazer algo bem-feito em nossa vida, o que sempre dá muito trabalho, queremos em troca que alguém reconheça essa atitude e resultado, pois assim teremos motivação para crescer ainda mais.

Ser reconhecido pelos resultados positivos faz com que o indivíduo se ache importante e, consequentemente, sinta-se em destaque.

Para algumas coisas o processo de reconhecimento é muito simples, desde que venha no momento certo e para a coisa certa. Reconhecer tudo e a todos de uma única forma não traz destaque para ninguém, perdendo-se, portanto, todo o efeito esperado.

O grande desafio é observar, filtrar e destacar exatamente o que é diferente na ação de cada um para que o reconhecimento atinja o ponto correto e consiga fazer a diferença. Isso requer muita habilidade e também muita coerência por parte do líder.

Eu pratico muito esse conceito com a educação de meus filhos, pois reconhecer uma atitude de solidariedade, de conquista, de boa ação faz com que a criança entenda que fazer o bem é importante e traz destaque para ela. É uma fórmula que tem funcionado bem. Recordo-me de uma situação com meus dois filhos ainda pequenos na qual eu queria tirar algumas notas musicais difíceis em minha viola caipira de dez cordas. Eu tentava muito fazer o acorde, e a cada tentativa apareciam mais dificuldades, pois é um instrumento lindo, mas difícil de tocar quando se quer fazer bem-feito. Após várias tentativas, acabei conseguindo e, ao concluir, meus filhos gritaram e bateram palmas juntos. Pela idade de quatro e cinco anos, não era possível entenderem muito sobre viola caipira e as dificuldades musicais do instrumento. Então perguntei o porquê do reconhecimento deles. A resposta foi direta: "Papai, notamos que era algo difícil e você se esforçou muito para conseguir, e como você sempre nos estimula assim, também gostaríamos de animá-lo, reconhecendo que conseguiu e que ficou muito lindo".

Entendi, então, que passamos para frente valores e que o reconhecimento pode ser uma ferramenta fantástica para trazer e direcionar boas ações, pois assim estimularemos todos à nossa volta a proverem ações cada vez melhores para vida e para o mundo.

Trabalhei com um líder que utilizava o reconhecimento como o principal pilar da sua prática de gestão. Era incrível, mas para qualquer entrega ele sempre avaliava todo o contexto, pegava algo de especial e colocava em evidência. Muitas vezes, o resultado nem era tão bom, mas ele conseguia reconhecer ali alguma coisa importante. Quando alguém o questionava sobre esse modelo, ele dizia: "Avalie com bons olhos e verá coisas interessantes, mesmo que o resultado não seja dos melhores".

Quando passei a observar os resultados que ele colhia com esse modelo, não tive dúvidas de que era um ensinamento que carregaria comigo e utilizaria por toda a minha vida. Também aprendi com o tempo que reconhecer valores e sempre destacar o que há de bom em alguém é extremamente importante e estratégico. Importante porque acredito que todos mereçam atenção como pessoa, e estratégico porque novas batalhas virão e ter o "batalhão" ao seu lado pode garantir novas vitórias.

Recordo-me também de uma passagem quando iniciei em um novo emprego e onde havia uma equipe à minha espera para gerenciá-la. Em uma das reuniões que agendei, assisti a apresentação de dois queridos colaboradores que queriam uma oportunidade para mostrar um projeto deles chamado "Treinamento de multiplicadores". Era um programa que haviam desenvolvido por iniciativa própria para ajudar a empresa a avançar em capacitação e treinamento para o alcance de resultados. Vi tanto brilho nos seus olhos que pensei: não importa qual seja a qualidade do material que verei, com essa vontade e dedicação, qualquer projeto pode dar certo, não tem erro. Eles falaram por duas horas e fiquei ali avaliando tudo, encantado. No final, eles queriam também o meu "de acordo" para seguir com a execução. Então, elogiei o projeto e, é claro, dei os parabéns tão merecidos. Para minha surpresa, eles começaram a chorar por causa da minha aceitação e dos elogios e disseram: "Chefe, estamos há meses construindo esse trabalho. Fizemos com muito carinho e amor, preparamos toda a estrutura, mas infelizmente nós não conseguimos a aprovação do gestor anterior. Ficamos muito tristes pela crítica severa e feedback negativo que recebemos. Apresentamos, porém, o projeto para outras pessoas que gostaram muito. Resolvemos, então, arriscar pela última vez com você que está chegando agora. Esse seu retorno nos deu uma nova esperança de trabalho, de perspectiva e até de carreira. Muito, mas muito obrigado. Você não imagina o que fez pela gente".

Nesse momento, tive total convicção de que esse modelo funciona, e muito. Eles entregaram esse projeto com muita qualidade e com muito "algo a mais". Também seguiram carreira na empresa, fizeram outros projetos brilhantes e isso foi realmente marcante.

Essa passagem também reitera o item trazido no primeiro capítulo deste livro: "Acreditar em Gente".

"É reconhecendo pequenas atitudes que trilhamos a prática constante do bem"

16

Uma equipe vencedora

Quem não gostaria de estar dentro de um time que coleciona vitórias? Ganhar, vencer, conquistar, chegar ao topo? Todos nós queremos, sem dúvida.

Porém, a vida não é feita somente de vitórias e conquistas. O segredo é saber o momento de aprender com as derrotas e buscar melhorias para um novo combate, ou seja, o segredo de vencer está em ter forças para se reerguer após uma derrota.

Tive um chefe que ficava feliz quando as coisas não caminhavam bem. Um dia, sentado em uma mesa isolada do escritório, estava ele olhando para uma janela com vista para o estacionamento. Eu já sabia que tudo que se referia a trabalho e projetos de responsabilidade dele estava em uma fase muito ruim, e, segundo informações, nunca havia ficado dessa forma. Então me aproximei dele e, querendo apoiá-lo, perguntei como estava a situação. Para minha surpresa, com um olhar bem firme e otimista, ele me respondeu: "Rica. Estou passando por uma fase muito importante e produtiva, pois em toda a minha vida somente tive sucesso e crescimento depois que as coisas ficaram difíceis, ou seja, após essa etapa, sei que terei ainda mais sucesso e por isso estou feliz mesmo".

Aquela resposta foi algo que aumentou ainda mais a minha admiração por ele, pois naquele momento também fiz uma reflexão e percebi que meu crescimento pessoal e profissional também passava por dificuldades. Certa vez, ouvi em uma rádio que a única coisa boa em relação a dor está em saber que ela passa. Não importa o tamanho do problema, um dia ele vai ser resolvido.

Tendo em vista tudo que já vivenciei até hoje, aprendi um segredo muito importante para uma equipe vencedora. Consiste, primeiramente, em treiná-la a perder. Depois disso, e com os aprendizados adquiridos, é importante aprender a ser um vencedor. É necessário conquistar o espírito de vencedor e se acostumar com ele.

Liderei uma equipe completa de Recursos Humanos em um certo momento de minha carreira. Passamos no início por muitas dificuldades e frustrações. Não foi nada fácil. Com o modelo de trabalho que criamos, conseguimos fazer algo que todo líder sonha: estar cercado pelos melhores. Com o tempo, notei que todos eram os melhores no que faziam porque pensavam e agiam como vencedores.

Certa vez, a empresa foi autuada pelo Ministério do Trabalho pelo descumprimento da cota de deficientes físicos. Era uma meta bem desafiadora e quase impossível de bater, pois tratava-se da inclusão de aproximadamente duzentas pessoas em uma cidade pequena. Após o recebimento da multa, chamei a equipe para a explanação do problema. Agradeço muito a Deus pelas pessoas à minha volta, pois no final da reunião, apesar do problema existente, tive uma única resposta nas palavras e nos olhares daquela equipe: "Chefe, fique tranquilo. Entendemos tudo e pode preparar o orçamento para as contratações. Estamos com você".

Após trinta dias, pedi para que parassem de contratar, pois quase todos já tinham sido admitidos. Apenas não fomos além por conta do orçamento. Senti na prática desse projeto o que era trabalhar com uma equipe vencedora, ou seja, era "o time dos sonhos" que citei no Capítulo 4 deste livro.

Em todas as experiências que tive, quando um projeto ou tarefa não dá certo, pode apostar que houve falha no item "trabalho em equipe". Trabalhar em equipe não é simples e nem fácil, mas é necessário em tudo o que fazemos, inclusive em nossa vida pessoal. Quando trabalhamos em equipe, usamos o que cada um tem de melhor e o resultado da soma chama-se **perfeição**.

Para fechar este capítulo, gostaria de reforçar o quanto é importante o trabalho em equipe, a formação de um time de vitórias e a criação de vencedores.

"Não desistir é a melhor estratégia"

Indicadores e método

Considerando dois fatores existentes, complexidade e competitividade, fala-se muito em indicadores e método, pois medir para gerenciar e ter um mecanismo assertivo para seguir, sem dúvida, é o caminho para o sucesso.

Uma empresa na qual trabalhei ganhou um prêmio como "A melhor empresa para se trabalhar" da revista Exame, ficando em primeiro lugar na categoria de enquadramento, considerando o número de funcionários na ocasião e outros enquadramentos.

No evento de premiação, todas as empresas que ganharam foram buscar seus prêmios e apresentaram, de forma resumida, suas melhores práticas. Notei, então, que praticamente todas tinham diversos programas implementados, ou seja, tinham metodologia de trabalho. Quando consultava outras empresas que amigos e colegas trabalhavam, via que a maioria delas também tinha. Então, o que diferenciava uma da outra? Por que uma ganhou o primeiro lugar e a outra ficou em terceiro? Quais são de fato as melhores práticas?

Após um tempo pesquisando, notei que o sucesso estava nas empresas que eram fiéis à sua metodologia e faziam uso delas para a tomada de decisão.

Costumo dizer que buscar um modelo na internet é fácil e rápido. Difícil é implementar uma metodologia que seja o diferencial no seu negócio ou na sua gestão. Digo ainda que o mais difícil mesmo é tomar a decisão com base no apontamento da metodologia, pois muitas vezes fala-se em fazer o que nunca foi feito antes. Por isso, acredito que o importante não é a complexidade ou a sofisticação da metodologia, mas sim o simples fato de "usá-la".

A seguir, um simples fluxo que demonstra a sequência de processo de rotina e metodologia:

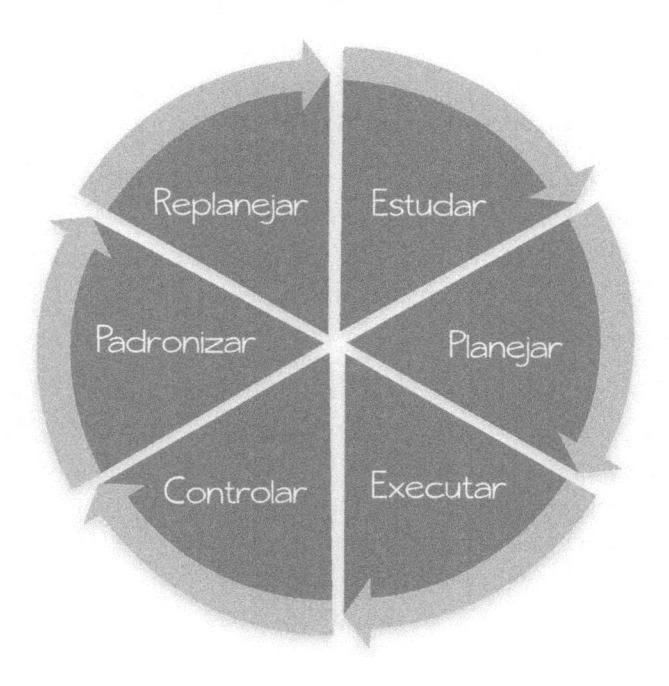

Na prática, apliquei esse modelo de seguir fielmente uma metodologia e conseguimos grandes resultados para a empresa. Cito como exemplo, um modelo de assessment especializado que construímos para movimentações de funcionários.

No início, a ferramenta apontava para algo que estava fora dos planos e acabávamos cedendo por conta de outros fatores. Mais tarde, dava tudo errado e quando olhávamos para a ferramenta, o que havíamos previsto que aconteceria estava lá.

Recordo-me de uma avaliação envolvendo em média cinquenta funcionários para cargos de liderança. Tratava-se de uma nova estrutura em um momento de profissionalização da empresa. Após a aplicação dos testes e ranking, decidimos fazer todas as promoções, mas a metodologia apontava que em alguns casos isso não era aconselhável, mas fizemos a aposta. Após dois anos de trabalho acompanhando todo o processo, era incrível como os resultados acompanhavam o ranking apontado no início do projeto. Em algumas reuniões de acompanhamento com os principais executivos da empresa, lembro-me que foi solicitado uma verificação do assessment realizado. Recordo-me, inclusive, de uma frase que foi dita: "Criamos uma ferramenta fantástica e não a seguimos".

Após um tempo, todos os envolvidos nas avaliações da metodologia não tinham dúvida: seguiriam o apontamento resultante.

Falando em movimentação e promoção de funcionários, ressalto a importância e a responsabilidade de fazermos os movimentos corretos, não somente para uma empresa, mas também para o próprio profissional. Tendo em vista minhas experiências no mercado, entendo ser expressivo o número de pessoas que assumem novas posições em empresas sem estarem completamente preparadas. Em alguns cargos, considerando remuneração, status e mercado, é muito difícil voltar atrás depois de alguns anos de atuação. É preferível, então, preparar melhor o indivíduo e promovê-lo no momento certo. É bom para a empresa e melhor ainda para a pessoa envolvida. Uma vez constatada a eficácia de uma determinada ferramenta, devemos ser fiéis a ela, respeitando seus resultados.

Outro ponto que gostaria de destacar é que processos bem implantados em uma empresa ou entidade, independentemente do tamanho, podem ajudar muito na sustentabilidade do negócio, principalmente quando se tem um alto índice de entrada e saída de funcionários.

Um ponto importante para se destacar e prevenir tem a ver com a inovação e a criatividade, pois é preciso ter muito cuidado para não engessar novas ideias e geração de conhecimentos. Os processos e métodos garantem rotina e geram disciplina nas organizações, logo, geram foco no que é importante e a consequência, sem dúvida, é o resultado. Mas é preciso, mesmo dentro dos processos e padrões, construir caminhos e horizontes para que a liberdade de ideias e sugestões seja bem-vista, com espaço e receptividade dentro da metodologia. Uma boa dica é construir programas que incentivem e valorizem a geração de novas ideias e sugestões de melhorias, se possível, gerando trabalho em equipe, sendo em minha opinião uma combinação perfeita e de sucesso garantido. Mas mesmo para um programa que estimule pensamentos diferentes e de grupo, é preciso ter processo e as ferramentas corretas para a geração de fatores que realmente venham a contribuir com as necessidades da empresa.

Ao longo de minhas experiências vivenciei muitas situações diferentes e complicadas sobre metodologia, o que me leva a concluir que a implantação não é algo simples, mas depois de implantada, simplifica muita coisa e encurta caminhos para os resultados.

Acredito, inclusive, que os processos serão os diferenciais competitivos do futuro para o meio empresarial das pequenas e médias empresas, pois é comum que as grandes já os possuam, por conta da própria necessidade de tamanho e controle, o que não acontece com as outras.

Dessa forma, as empresas que implementarem seus processos e controles terão seu diferencial competitivo para permanência e crescimento no mercado.

"O uso de métodos pode
tornar a rotina mais segura"

18

Passos somente para frente

Esse é um item bastante interessante para a prática de crescimento na carreira. Estamos falando de comportamento e atitude.

Costumo dizer que o rio sempre corre para o mar, e passando isso para a vida e para a carreira, o processo se chama evolução. Quando o rio se encontra com o mar, surge o medo do novo, a insegurança, como também na vida profissional há o sentimento de formação de algo maior, ou seja, há a perspectiva de evoluir cada vez mais.

> Passos somente para frente...

O rio corre para o mar, ou seja, na **vida e na carreira** o processo se chama **evolução**. Quando o rio encontra com o mar, surge o **medo**, **insegurança**, mas também há o sentimento de **formação de algo maior**, ou seja, **evolução**.

Atualmente, dependendo dos objetivos estratégicos de uma empresa, entidade, ou por causa das mudanças trazidas pelo mundo globalizado, não é possível mais para um profissional dizer que está satisfeito na posição em que se encontra. Não está totalmente errado pensar assim. Entretanto, muitas vezes a empresa, o mercado, ou o meio profissional colocam-no em um rio onde o caminho final é o mar, ou seja, não tem volta. Então, evoluir pode não ser mais uma escolha, mas sim uma necessidade.

Em uma palestra que fiz, falei muito deste item e fui questionado sobre a opção do profissional em não querer crescer, isto é, de querer permanecer na posição em que se encontra.

O que poderia haver de errado nisso? Quem me perguntava deixava claro que essa também era a sua opção.

Foi uma pergunta bastante complexa para a situação, pois o tema da palestra estava voltado para o desenvolvimento e crescimento na carreira. O assunto do evento era "Como chegar ao topo, e rápido".

Consegui, com todo respeito ao participante, colocar um ponto de vista diferente e alinhado ao momento. Disse a ele que não existia nada de errado, pois numa empresa há necessidade de pessoas em todas as posições, desde o faxineiro até o presidente. Aliás, na vida como um todo precisamos de bons elementos em todas as posições. Disse, também, que conhecia muitos profissionais que evoluíram muito sem deixar suas funções, ou seja, deram passos largos para frente em uma mesma posição e que ainda continuavam lá, sendo os melhores no que faziam.

Citei como exemplo o caso de um amigo e admirável porteiro. Costumo brincar que relacionamento com porteiro é um caso de estudo, pois quem é que nunca teve um atrito com um deles? Mas, deixando a brincadeira de lado e voltando ao caso desse meu amigo que, na minha concepção, é "O" porteiro, pois além de cumprir rigorosamente suas tarefas, conseguia atender e direcionar um cliente com maestria e tratativa incomparáveis.

Um fato que me marcou muito foi quando a empresa na qual ele trabalhava foi assaltada por profissionais no assunto, ou seja, era um roubo planejado e de alto valor envolvido. Ele ficou mais de sete horas no poder dos assaltantes e com toda calma conseguiu estabelecer boa relação com eles e, assim, deixar toda a operação sob controle para que não houvesse nenhum deslize ou ações fatais. Poucos notaram isso na ocorrência, mas eu era o RH corporativo da empresa e pude confirmar na investigação que o bom relacionamento e atitude profissional dele garantiram a segurança de muitos ali. Ele continua lá, fazendo o seu melhor e arrancando elogios de todos que por lá passam e dos que têm o privilégio de trabalhar com ele.

Por acreditar tanto nesse item, acostumei a direcionar todos à minha volta para esse caminho. Sempre que algum membro da minha equipe me traz algo desafiador, minha fala sempre parte para esse caminho. Digo: "Pode seguir que vai dar certo. Ande somente para frente, para trás nem para pegar impulso".

Alguns amigos e subordinados costumam dizer: "Ricardo, você acredita mais em mim do que eu mesmo". Na verdade, esse tem sido um dos grandes pilares de gestão em que acredito, e pode ter certeza que dá muito certo.

Há muito tempo, trabalhei em um projeto com um funcionário que queria muito uma posição gerencial. Eu já o tinha avaliado e sabia que isso não seria tão fácil, pois ele apresentava muita dificuldade ao executar as funções. Mas sua vontade, dedicação e crença eram acima da média. Justamente nessa fase profissional dele eu estava na posição de gestor para lhe dar um feedback de carreira. Preparei-me muito para fazer o processo o mais transparente possível, pois levava a sério esse trabalho. O difícil seria lhe dizer que ele ainda não estava preparado e que iria ter muita dificuldade para passar para o nível gerencial. Quando iniciei a reunião, a expectativa dele era tão grande que pela primeira vez fiquei travado, resolvi fechar os olhos para muitas coisas, mudei meu feedback e apesar de extremamente preocupado, disse: "Amigo, sinceramente eu estava preparado para lhe dizer 'não', mas você, com seu comportamento e considerando também o tanto que acredito em Gente, quero lhe dizer que vai conseguir. Vamos acreditar juntos, mas você precisa dar passos para a frente todos os dias, todas as horas, aliás, todos os minutos".

Dentro do plano de trabalho que construí com ele havia até uma mudança de emprego, pois ele realmente precisava crescer muito. Ele acabou saindo da empresa como parte do plano e seguiu seu caminho em busca do sonho de chegar ao nível gerencial de uma grande empresa. Após três anos, recebi uma ligação dele dizendo assim: "Amigo. Cheguei, conquistei meu sonho. Você sabe o quanto você faz parte dessa realidade e a sua regra de passos somente para frente é poderosa demais. Fez toda diferença e somente você acreditou em mim naquela fase".

Fiquei emocionado e respondi: "Você me fez acreditar em algo que eu não via. Foi como um processo de fé, mas o que me fez crer mesmo foi que você estava disposto a dar os passos para frente de verdade. Nada poderia dar errado.".

Confesso que me emocionei muito, pois isso fez a diferença na vida dele. Acredito que ele esteja cada dia mais forte, feliz e realizado, pois conquistou seu maior sonho.

Isso também pode ser aplicado em questões de empreendedorismo. Tenho amigos bem sucedidos que aplicam essa técnica em seus investimentos e negócios. Um deles em especial sempre me fala: "Ricardo, eu apenas compro. Vender somente para comprar algo mais valioso".

Ele usa isso na prática, faz esforços gigantes para adquirir novos bens, passa por dificuldades, divide o valor em inúmeras parcelas, mas adquire. Em dez anos fez um grande patrimônio e continua nesse caminho, com visão de futuro, boa administração e passos somente para frente.

Esse capítulo também poderá ser muito aplicado para o comportamento das empresas e seus produtos e serviços no mercado, pois, muitas vezes, mudar poderá ser preciso para continuar avançando. Inclusive destaco a necessidade existente nas empresas de iniciarem novos ciclos para renovação do seu modelo de atuação e assim garantirem que a famosa curva de queda seja parte de seu destino. Existe um estudo de mercado, já comprovado, que toda empresa tem um tempo de vida útil. Dessa forma, quando se inicia um novo ciclo, nasce uma nova empresa e com ela o tempo de vida útil se prolonga para construção de um novo, e assim, sucessivamente a empresa consegue a perenidade de seus negócios. Em resumo, trabalhar a gestão de mudança em suas estruturas, processos, sistemas, inovação, pessoas e mercado, passou a ser um meio de sobrevivência das empresas e ao mesmo tempo de crescimento, ou seja, dar passos para frente.

Mas, existem muitas formas de dar passos para frente em uma empresa seguindo uma visão conservadora. Um dia, entrevistei um Gerente de Fábrica de uma empresa que possui um produto excelente no interior de São Paulo. Logo que iniciamos a conversa, fiquei muito curioso para saber sobre essa empresa. Ele me contou muita coisa que eu admirava e admiro. Mas logo perguntei a ele a minha principal curiosidade, que era sobre o plano de negócio e expansão da empresa, pois em minha opinião, o produto produzido por eles possui um potencial de mercado gigante e sem limites. Para minha surpresa, ele me disse que o produto e a marca, após estudos profissionais de mercado, resultaram em um potencial de expansão não somente no Brasil, mas no mundo, podendo inclusive ser concorrente forte à marca número um do planeta. Mas a empresa, por decisão de sócios e família, resolveu não crescer. Ele me contou que a empresa inovou seus processos, aperfeiçoou o sistema de qualidade, implantou uma gestão de custo eficaz, mas incluiu em seu plano estratégico o não crescimento. Essa decisão era uma conclusão pessoal dos sócios que visavam objetivos pessoais de vida e de negócios que estavam dentro de seus valores e princípios. Eu fiquei realmente impressionado com a estratégia e modelo, mas entendi a decisão da empresa e admiro demais o produto no qual continuo como fiel consumidor. Essa empresa, da sua forma, deu passos para frente e conseguiu chegar com credibilidade ao mercado para poder tomar essa decisão, pois conquistou e continua conquistando consumidores fiéis.

Em suma, dar passos para frente é algo muito poderoso e forte. Pode acreditar que essa prática funciona e muito. Tente começar com questões pequenas e, ao longo do tempo, vá aumentando de acordo com os resultados obtidos.

Vale muito a pena. É acreditar e tentar.

"Nossos passos devem acompanhar o
horizonte, sempre à frente"

19

Contra resultados não há argumentos

Para se ter todo sucesso na vida e na carreira, os resultados têm que ser visíveis. "Gente", sem exceção, depende de resultados positivos.

Mesmo sendo a melhor pessoa do mundo, tendo o maior número de amigos, sendo querido por todos e trabalhando para uma empresa, entidade ou no seu próprio negócio, você terá que entregar suas responsabilidades com bons resultados.

Em um certo período profissional, passei por um processo de fusão bastante tenso em uma empresa em que trabalhava. As dúvidas eram unânimes: Quem ficaria? Quem sairia? Quem seria promovido? Ou quem não seria reconhecido? Exemplificando, havia aproximadamente 100 cadeiras para 140 pessoas, ou seja, 29% não fariam mais parte do quadro de funcionários.

Foram dias terríveis e complexos, pois havia também fatores políticos e pessoais em jogo. Observei todos os casos como aprendizado e processo, podendo garantir que a maioria que focou no trabalho e na entrega de bons resultados sentou na cadeira. Os que se preocuparam com outros fatores acabaram não tendo espaço naquela empresa, pois, como todas que conheço, precisava sobreviver num mercado exigente e os resultados garantiriam a sustentabilidade do negócio.

Em todos os projetos de que já participei, nunca deixei de mensurar resultados, pois para mim eles são um meio de sobrevivência e objetivo de existência. Uma equipe ou um profissional apenas pode pensar em crescimento e avanço se seus resultados forem positivos. Não há outro caminho ou fórmula.

A mensuração de resultados é importante inclusive para autoestima de uma pessoa ou equipe. Muitas vezes é importante colocá-los no papel ou em um gráfico, pois isso fortalece a mente e até a segurança em si mesmo.

Dessa forma, se for utilizado o famoso "como" de maneira correta e atingindo metas, o sucesso será inevitável e duradouro.

Existem muitas ferramentas e formas no mercado para acompanhamento de resultados. Entretanto há uma muito simples, assertiva e eficaz: é a ferramenta gráfica que compara resultados e comportamento, ou seja, em uma linha horizontal de 0 a 100% você mensura o resultado atingido e na outra linha vertical você enquadra uma avaliação comportamental também de 0 a 100%. No cruzamento desse gráfico você terá o resultado. É uma forma simples e objetiva de fechar resultados atingidos e a forma como os alcançamos.

O seguimento político também poderia ser avaliado dessa maneira, pois se avaliarmos os resultados de um político no cargo, fazendo um cruzamento entre atuação ética e entregas de projetos, poderíamos ter, de forma muito clara, uma seleção de candidatos para votarmos e uma para não votarmos, pois os resultados, como já dito anteriormente, são para todos os seguimentos. Inclusive, destaco que o seguimento político é algo muito semelhante ao de uma empresa, mesmo as áreas e o modelo de gestão, sendo que muitas prefeituras atualmente já estão buscando esse conceito e fazendo algumas implantações. Seria muito interessante ter um modelo com fatos e dados, que fosse avaliado de forma racional pelo eleitorado. Dessa forma, teríamos, de início, a melhor escolha com resultados e modelo de atuação, o que mudaria o cenário do nosso país e a vida de muita gente.

Voltando ao modelo empresarial, podemos observar os resultados de uma empresa como CNPJ e não apenas através dos funcionários e líderes que nela laboram. O resultado, nesse caso, para uma empresa, pode ser medido de diversas maneiras, mas duas são as de maior destaque em minha opinião: o lucro e a participação no mercado. Certa vez, em uma reunião com um amigo que me contava das suas dificuldades profissionais, ele chorou muito, no bom sentido, sobre seu chefe que era sócio da empresa em que trabalhava. Ele mencionou que as cobranças eram constantes, rígidas e pesadas, mas que grande parte dos problemas dessa empresa eram de responsabilidade do sócio que a dirigia, e que quando tudo ficava ruim, quem pagava a conta era o time de liderança da linha de frente. Mencionei a ele que já havia estudado bastante esse modelo de estrutura e que o processo seguiria dessa forma, pois não há outro caminho para uma estrutura nesse formato, os sócios estão dentro de um contrato social e não dentro de uma folha de pagamento com regime celetista.

Mas há uma consequência única para todos, o resultado do mercado, pois a perda de mercado trará todas as consequências e implicações para a empresa, e nesse caso, para os sócios como um todo. Portanto, não importa se você é funcionário, sócio ou dono, o resultado está aí para todos, e suas consequências, no caso de uma empresa, são incontroláveis. Logo, o fluxo de medição e reação é diferente, mas consequências sempre existirão. Por outro lado, quando o resultado se torna positivo, a satisfação de um sócio ao ver a empresa que dirige em ascensão é algo muito grandioso e significante. Em suma, se trabalharem em equipe, sócio, dono e funcionários, principalmente nas horas ruins, onde, se a crença e confiança estiverem acima de tudo, o resultado poderá ser alcançado e até superado com muita consistência.

Resultados são resultados e precisamos deles para sobreviver e para dar os passos para frente citados neste livro.

Enfim, tudo o que vimos até aqui tem o objetivo de colocar em prática Gente para Resultados, pois assim entendo que todos ganham: pessoas, empresas, entidades, governo, sociedade, ou seja, o mundo como um todo, pois nós fazemos o mundo, e sem dúvida, todos querem um planeta melhor para si e para todos.

"É com resultados sólidos que solidificamos
nossa vida"

20

Tenha sonhos grandes

Como já foi dito por muitas fontes, "sonhar grande" ou "sonhar pequeno" dá o mesmo trabalho. Entretanto, aprendi também que sem sonhos nossa mente pode não acompanhar as nossas necessidades.

Desde pequeno tenho grandes sonhos. Por morar em um sítio afastado da cidade, sempre era muito difícil me locomover para o centro. O meio de transporte mais usado era um caminhão que passava periodicamente de segunda a sábado para coletar o leite dos retireiros e levá-lo ao laticínio da região. Eu pegava essa carona na "venda" do meu querido avô sempre que precisava ir à cidade. Toda vez que subia naquele caminhão com minha mãe, eu pensava: "Será que um dia terei um carro para levá-la a todos os lugares?". Mas, mais triste ainda, era voltar da cidade, pois eram dez quilômetros e, às vezes, não achávamos carona. Nunca disse isso a ela, mas sempre orava a Deus e sonhava com um carro para nos ajudar na locomoção.

O tempo passou e sempre vinha em minha mente isso: o sonho de ter um carro. Lutei muito até ter o meu primeiro, e foi a realização do sonho. Quando consegui o que considerava um grande feito, apesar de ser um "Fusca 74 velhinho", passei por uma fase muito difícil de humilhação. Algumas pessoas, por terem poder aquisitivo maior, sempre zombavam da minha situação. Era um grupo de rapazes com idade próxima à minha que tinha carros, caminhonetes e motos modernas que chamavam a atenção de todos. Então, pensei comigo mesmo: sonhei com esse fusquinha e consegui, agora vou sonhar com um carro melhor. Eu ainda era muito novo, mas para realizar outros sonhos encontrei dois caminhos: trabalhar muito e continuar sonhando todos os dias. Logo, esse sonho também se concretizou.

Sempre imaginei mudar para a cidade e trabalhar em uma grande empresa. Eu tinha um tio que falava: "Bobagem mudar para a cidade. Temos que morar aqui na roça e viver daqui". Eu sempre falava que trabalharia em uma grande firma e sonhava com isso. Depois de tantos sonhos voltados para o trabalho, me vi trabalhando no Chile para uma grande empresa.

Quando voltava ao Brasil, sempre visitava meu querido avô em sua venda, onde encontrava meus amigos de infância e adorava ficar conversando com eles. Quando contava sobre meu trabalho, eles sempre falavam: "Você teve sorte na vida" e eu sempre respondia: "Como vocês me conhecem, sabem que sempre trabalhei muito, mas não vou pedir para trocarem a palavra 'sorte' por 'muito trabalho'. Troquem-na por 'grandes sonhos', pois o 'muito trabalho' foi demandado pelos meus 'sonhos'."

Então, não parei mais de sonhar, e sonhar grande.

Este livro mesmo é um dos meus grandes sonhos. O maior deles, entretanto, foi e continua sendo ter meus filhos, quer dizer, a família toda, aproveitando as tardes de domingo, as datas comemorativas, os momentos de lazer, enfim, tudo o que uma família pode trazer de melhor.

Hoje, passado algum tempo, entendo que os sonhos funcionam como um combustível dentro do ser humano. O sonho injeta ânimo, vontade, resistência e energia.

Existe apenas um problema com os sonhos: nem sempre eles se realizam e podem gerar expectativas. Nessa linha, entendo que a dor é inevitável em nossas vidas, e quando ela chega é preciso enfrentá-la. Porém, o sofrimento é uma escolha, pois ele decorre da expectativa não cumprida, ou seja, de um sonho que não foi realizado.

Mas mesmo assim, temos que sonhar muito e sempre. Ouvi de um grande amigo sonhador uma coisa que me marcou muito. Ele acreditava muito em sonhos, mas, para ele, ter um sonho e falar sobre ele era algo muito bem pensado e, normalmente, ele primeiro partia de uma ideia, para depois decidir se isso se tornaria um sonho ou não. Um dia, conversamos sobre isso e ele me disse que sempre que tinha uma ideia, fazia um planejamento, uma avaliação e sonhava. Quando sonhava e tinha uma boa sensação, ou seja, se "ele sentia", sabia que o sonho iria se concretizar.

Essa analogia ficou muito forte para mim e passei a seguir esse conceito. Em todos os meus sonhos, isso nunca falhou. Pode acreditar.

Para fechar este importante item, deixo um lembrete: tenha grandes sonhos e acredite neles, mas se tiver que escolher ou priorizar um deles, escolha o próximo e último capítulo deste livro, onde vai aprender a sonhar em ser feliz.

"Nossas conquistas obedecem
aos nossos sonhos"

21
Nunca deixe
de ser feliz

Neste último tópico, resumo o motivo de tudo que descrevo neste livro: viver e ser feliz. De nada adianta construir uma carreira, criar coisas, ganhar dinheiro, chegar ao topo, ajudar ao próximo, fazer as pessoas felizes, fazer o mundo melhor, se não houver felicidade dentro de si mesmo.

Ser feliz é algo que temos que buscar todos os dias. Nada no mundo paga acordar de manhã pensando que apesar dos desafios e mais desafios do dia, há dentro de seu coração uma alegria muito grande que pode ser comprovada por um sorriso e um olhar sereno. Muitas vezes nem sabemos o motivo, mas ao nos sentirmos felizes a vida pode ser encarada de modo diferente e, com certeza, os sonhos poderão se tornar realidade.

Uma das coisas que pode trazer felicidade são as "escolhas", e as fazemos todos os dias. Muitas vezes, as situações não nos dão muitas opções, mas escolher ou decidir por uma é inevitável.

Durante minha vida, fiz muitas amizades, sendo que algumas delas resultaram em confiança e afinidade, e até hoje converso com esses meus amigos sobre assuntos pessoais. Percebo que muitos deles estão de bem com a vida, pois tomaram decisões acertadas e fizeram boas escolhas, apesar de terem que passar, muitas vezes, por grandes mudanças e sofrimento. Já outros continuam infelizes porque tiveram medo de mudar de rumo, ficando reféns do comodismo e da zona de conforto. Seus sorrisos e olhares demonstram essa triste realidade.

Vale lembrar também que a felicidade não é uma receita disponível em uma prateleira. Cada um tem que trilhar seu caminho e construir através de suas escolhas a sua receita para ser feliz.

Também destaco que, para alcançar a felicidade, precisamos de uma coisa importante e difícil de entender. É preciso apenas o "necessário". Tudo que falta ou sobra não traz felicidade, tanto na área material como na sentimental.

Aprendi isso com um amigo. Em todas as datas comemorativas, ele sempre me enviava uma mensagem ou e-mail, e mesmo quando conversávamos, ele sempre dizia: "Que você tenha sempre o 'necessário', amigo". Ele dizia isso com tanta convicção e verdade que eu sempre me emocionava. Um dia perguntei a ele o porquê desse desejo e crença. Então ele me explicou que havia estudado muito sobre essa colocação, lido pesquisas mundiais que traziam à tona esse tema. Ele concluiu pelos estudos e com os exemplos à sua volta que realmente essa era uma grande verdade da vida.

A partir daí, também passei a observar tudo ao meu redor: as famílias, os grupos de amigos, os romances, relacionamentos de casais e namorados, empresas, empregados, relacionamentos entre pais e filhos, enfim, a sociedade, e concluí, também, que felizes são as pessoas que possuem realmente o "necessário". Cheguei à conclusão de que o "necessário" para a felicidade é algo muito, mas muito simples mesmo, inclusive na área financeira, pois o necessário está na medida certa, nunca a menos e, principalmente, nunca a mais. Porém, em algumas questões pessoais pode até ser complicado se, no contexto, houver mudanças e escolhas de vida. Mas, mesmo que isso aconteça, a simplicidade para as escolhas também será o caminho.

Nas minhas orações, sempre que tenho oportunidade, desejo aos meus amigos somente coisas boas e que eles tenham sempre o "necessário", pois com isso as chances de serem felizes aumentam muito.

Um ponto importante que passei a observar muito nas pessoas é o olhar. Muitas pessoas, ao encontrarem outra triste em algum momento da vida, costumam ter o hábito de pedir um sorriso com intuito de ajudá-la, mas o sorriso apenas representa uma expressão facial. Já o olhar, se bem observado, diz tudo. Uma pessoa pode rir o dia todo, mas seu olhar pode demonstrar uma tristeza profunda capaz de ofuscar o próprio sorriso. Acredito que o olhar é a expressão mais importante de uma pessoa, pois demonstra felicidade, confiança, transparência, foco e principalmente amor, pois um olhar sem dúvida pode substituir facilmente a frase "eu te amo", e se dita pelo olhar com profundidade, você nunca mais esquece, e quer outro olhar em sua vida.

Também cabe ressaltar a fala de um grande amigo-irmão chamado Fabiano Wohlers, "a felicidade tem um preço diferente para diferentes pessoas", ou seja, para alguns, o preço pode ser um pouco maior, mas como falamos em felicidade, mesmo que o preço seja caro, após o pagamento e com a conquista da felicidade, tudo se torna válido e correto.

Em suma amigos, ser feliz é difícil, mas vive-se para isso. Tudo pode ser negociado, esperado, mudado, prolongado, mas a felicidade, não.

Ser feliz é cumprir o seu propósito na vida.

"Seja feliz agora e não negocie outra data,
ou melhor, nem um segundo a mais"

Frases de Destaque

Acredite sempre nas pessoas.

Gente faz a diferença.

Nunca desista das pessoas.

Forme pessoas e formará um time imbatível.

O meio-termo é a melhor decisão.

Gerencie problemas e gerenciará o sucesso.

Encontre talentos e não os perca de vista.

Compromisso é compromisso, não há outra opção.

Quer resultados diferentes, faça coisas diferentes.

A vida não é difícil e nem fácil, depende do
que você quer dela.

Jamais recue frente às dificuldades.

Gente Resultado

Tire o melhor de cada um.

As quedas são degraus para o topo.

Colecione amigos e colecionará tesouros.

Lute até o fim, somente acaba quando acaba.

Ande somente para frente, ou seja, conquiste.

O sucesso está no "algo a mais".

Seja amigo de verdade de sua equipe.

Reconheça resultados, os grandes e os pequenos.

Gerencie seus resultados com indicadores e
método e terá constância.

Contra resultados não há argumentos.

Sonhe sempre, e grande.

A primeira meta de sua vida deve ser felicidade,
e a segunda também.

A primeira meta de sua vida deve ser felicidade,
e a segunda também.

Jamais negocie a sua felicidade.

,,

Lições Aprendidas

Na vida, a chave do sucesso é o aprendizado, e se conseguirmos aprender com todas as situações vividas, seremos imbatíveis. Um segredo do aprendizado é estar aberto para tudo e para todos, a todo e a qualquer momento. Abaixo, alguns aprendizados vivenciados na prática em diversas situações e momentos de vida.

Em algumas oportunidades, deixe que o tempo encontre o caminho e a melhor solução para os problemas. Isso pode ocorrer mais rápido do que se imagina.

A "dor", às vezes, é essencial para o crescimento e o aprendizado. Nem sempre ela é uma inimiga e com o tempo pode até se tornar suportável.

A "dúvida" no relacionamento humano pode parecer algo simples, mas é por meio dela que o indivíduo não entra em um processo de acomodação. Ela gera o desconforto para ações que levam à busca por resultados e comportamentos melhores.

"Em épocas de guerra e de grandes batalhas, lute até o fim", pois há sempre uma luz no fim do túnel. Muitas vezes, o sucesso vem quando tudo parece estar perdido. O jogo pode virar até o último segundo.

Quando tiver dificuldades, "fale o que sente". Desabafar pode encurtar o caminho para a resolução de problemas, para fazer uma escolha acertada ou até para tomar uma decisão importante. O bloqueio pode nos afastar de uma solução conveniente e satisfatória.

"Quem não recua, supera e conquista". Quando iniciar um projeto de vida, seja pessoal ou profissional, e as dificuldades começarem a aparecer enfrente-as, pois os grandes e melhores projetos trilharam exatamente esse caminho.

Existe um lado menos triste quando se chega ao "fundo do poço". É a certeza de que, com muita determinação, a subida de volta é o caminho para o recomeço. Altos e baixos fazem parte da vida, entretanto é importante destacar que a vida profissional pode apresentar inúmeras oscilações, mas com a vida pessoal não pode ser assim. A família e os amigos são como vidro, se caírem, "quebram".

Esteja sempre preparado para os desafios e oportunidades, mas ainda mais preparado para as quedas e tropeços, pois é a superação deles que te levarão para o topo.

Desenvolvimento é ter que fazer aquilo que não se sabe e não gosta, ou seja, desenvolvemos e crescemos fora da nossa zona de conforto.

Nos momentos difíceis da vida, alguns te dão a mão e outros tiram. Você será eternamente grato a quem te estende, retribuindo com muita gratidão e valor, mas jamais se esquecerá de quem tirou.

Existe uma grande coisa para se fazer quando você estiver passando por um momento ou fase muito feliz de sua vida: "não mudar nada". Porém, se estiver passando por um momento triste, mude até sua felicidade chegar. Ser feliz é uma questão de prioridade e urgência.

"Seja grande por dentro e pequeno por fora", principalmente nos momentos em que você estiver em alta na vida. Pratique a humildade e o perdão em todas as situações e se tornará um ser gigante.

Se um dia tiver dúvidas do que deve pedir à vida para ser feliz, peça o "necessário" e tenha certeza que encontrará a felicidade única e verdadeira.

Ame a seu próximo sempre, mas não pelo que ele é, mas sim pelo que ele ainda poderá ser.

O sorriso pode mudar o estado emocional e a imagem de uma pessoa, mas o olhar sempre demonstrará o que sente de verdade por dentro.

Em todos os seus projetos e sonhos, garanta que a felicidade esteja brindada e presente, garantindo assim que tudo o que conquistou valeu muito a pena em sua vida.

O Fluxo de Sucesso

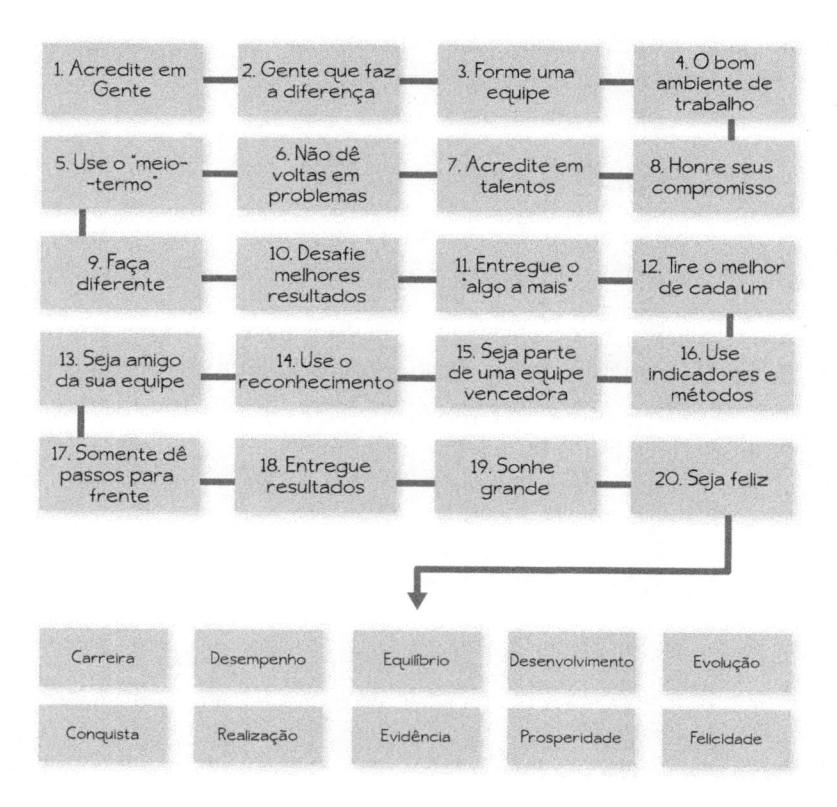

Mensagem Final

Este livro tem como principal objetivo estimular e apoiar o desenvolvimento das pessoas, não importando sua profissão e interesses, podendo contribuir também na sua vida pessoal.

Sem querer ensinar nada a ninguém, procurei apenas mostrar alguns caminhos que podem encurtar a trajetória para que você atinja seus objetivos em menor tempo e com menos esforço.

Procurei apresentar formas simples e objetivas para um fluxo profissional de sucesso. Os exemplos também demonstraram, de maneira fácil, os fatos ocorridos, contribuindo também para um melhor entendimento.

Os vinte passos que podem levar ao sucesso aqui descritos tendem a ser um fluxo, porém, se apenas um deles já contribuir em algo para uma vida melhor, ficarei muito feliz, pois a ideia principal desse livro é acrescentar "algo a mais" para se viver bem. Se a contribuição for de apenas 0,001%, o objetivo terá sido alcançado.

Tenho a certeza de que quando buscarmos o desenvolvimento pessoal e profissional, construiremos um mundo melhor para todos. O foco não é apenas a carreira, mas sim o comportamento, a atitude, a forma de atuação e de agir. É importante fazer sempre o bem e o melhor para todos, para que possamos alcançar uma comunidade ideal, com pessoas cada vez melhores.

Resumo em algumas palavras como escrevi este livro: com respeito e carinho. Não com a pretensão de ensiná-lo, caro leitor, mas de ajudá-lo em algo, por menor que seja. Através de experiências minhas, de amigos e de conhecidos, sei que posso contribuir para que você consiga vencer os obstáculos que, possivelmente, surgirão.

É com enorme carinho que compartilho minhas ideias e tento provocar a reflexão que certamente o levarão aos seus objetivos.

"Tenha motivos pelos quais acordar todos os dias, e faça de cada dia o seu palco, pois não sabemos se teremos outra oportunidade de simplesmente acordar. Fazendo isso, tenha em mente que tudo na vida é passageiro. O importante é estar sempre de bem consigo mesmo e satisfeito por ter vivido o tempo até o dia de hoje, sendo que o amanhã ainda é uma dúvida, mas o hoje está aqui e quem decide é você."

Agradecimentos

Primeiramente, sou muito grato a Deus por tudo o que já ocorreu em minha vida, desde as coisas boas até as não tão boas assim e, principalmente, pela superação nas situações difíceis que tanto contribuíram para o meu crescimento.

Agradeço, também, às pessoas que me rodeiam, anjos que Deus direcionou em meu caminho. Em toda minha vida, sempre procurei fazer um estoque muito rico e importante de amigos. Esse, sem dúvida, é o maior e mais valioso patrimônio de um ser humano. Esses amigos são joias preciosas que, mesmo com o passar do tempo, continuam comigo.

Às empresas em que já trabalhei e trabalho tenho muito a agradecer, pois todas elas foram casos de amor, e o amor é assim: dói, faz sorrir, traz alegrias e tristezas, dá saudade, dá vontade de esquecer, dá vontade de voltar, enfim, amor é amor e deve ser para sempre.

À Carol Cecchi, pelo trabalho de aprimoramento deste livro e, principalmente, por ter me feito acreditar neste projeto.

Ao amigo Rafael Tadeu Simões. Por tudo o que me proporcionou, o considero a pessoa com quem mais aprendi em minha vida pessoal e profissional.

À equipe da Alta Books pela confiança, por expressarem tanto amor, comprometimento e carinho pelo que fazem.

Ao meu terno e inesquecível chefe Beto. Sua ausência entre nós é sentida todos os dias.

Ao meu eterno time dos sonhos de Amparo, uma equipe de trabalho que foi e continua sendo mais que uma família para mim. Obrigado de coração por tudo, principalmente por permitirem que nossas vidas se tocassem.

Às pessoas, em geral, que fazem e fizeram parte da minha equipe de trabalho. Na verdade, meus anjos e amigos, pois são especiais demais para mim, não apenas por todas as entregas feitas, mas pelo aprendizado que me proporcionaram.

À minha família, principalmente ao meu pai Bejamin, à minha mãe Eunice, à minha irmã Regiane e à minha tia-irmã Berenice. Aos meus pais, que sempre me deram o que era possível. Verdadeiramente sempre me deram o "necessário" e isso foi simplesmente "tudo", pois para sermos felizes precisamos somente do necessário.

Aprendi muitas coisas com meu querido pai e continuo aprendendo, mas o que sempre me marcou muito foi o exemplo de que trabalhar muito é a receita do sucesso e do progresso. Durante toda a minha vida, toda vez que chego à sua casa e pergunto: "Cadê o pai?". Ouço sempre a mesma resposta: "Está trabalhando". É um orgulho e felicidade sem tamanho ouvir isso. Aprendi com ele, também, que é preciso, necessário e gratificante demais ajudar o próximo. Nunca vi uma pessoa tão dedicada em fazer o bem e que se sinta tão feliz por ser assim.

À minha querida mãe e anjo, também meu muito obrigado. É muito difícil escrever o que ela significa em minha vida, mas é possível resumir em uma palavra: "Deus". Aliás, somente essa palavra consegue descrevê-la. Gostaria muito de dividir a idade dela comigo para eu poder viver ainda mais tempo com ela. Apesar de não me expressar com muita frequência, gostaria de dizer-lhe todos os dias duas frases: "Obrigado por tudo" e "Eu te amo".

Aos meus lindos e intensos filhos, Pedro, Thayna e Lucas, o maior presente que um homem pode ter. Incrível como mudaram minha vida e deram ainda mais sentido a tudo. Quando nasceram, apenas pedi a Deus para que tivessem saúde e que agregassem muito ao mundo. Não importa o que farão ou serão, mas que contribuam para uma sociedade melhor. E assim tem sido.

À minha linda esposa Fábia, por estar sempre comigo. Estamos juntos desde nossa adolescência e continuo aprendendo com ela todos os dias. Quando passei pela principal mudança profissional de minha vida, foi ela quem segurou as pontas e tomou a frente. Admiro-a demais e a considero a melhor mãe que eu poderia dar aos meus filhos. Ela se tornou parte de minha vida e de tudo que sou. Nós nos completamos quando estamos juntos.

Agradeço de coração a todos que leram pelo menos a capa deste livro e muito obrigado ainda àqueles que conseguiram utilizar pelo menos uma palavra do seu conteúdo para melhorar sua própria trajetória de vida.

Muito obrigado!

Boa sorte e MUITO SUCESSO!

Ricardo José da Silva

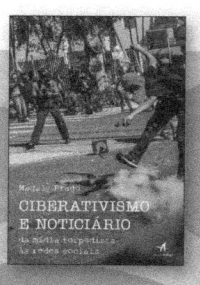